MEU FILHO CRESCEU E AGORA?

Jacqueline Vilela

São Paulo
2019

Agradeço aos meus pais, que souberam preservar e demonstrar o amor durante toda a minha infância, adolescência, até os dias de hoje.

Agradeço ao meu marido, Alexandre, pela paciência e incentivo e agradeço a minha filha Bianca, pela oportunidade de ensiná-la e apoiá-la como mãe nessa incrível jornada da vida.

Agradeço aos pais de adolescentes que confiaram em mim ao longo de todos esses anos e que decidiram fazer a diferença na vida dos filhos.

E agradeço aos adolescentes que passaram pela minha vida. Escrevo esse livro para que a fase da adolescência possa ser regada de muito apoio e amor. Eu confio em vocês.

Meu filho cresceu e agora?
© 2019 by Jacqueline Vilela

Coordenação editorial: Eduardo Ferrari
Edição: Ivana Moreira
Texto: Jacqueline Vilela
Projeto gráfico e diagramação: Leonardo Carvalho
Revisão de texto: Guilherme Semionato
Banco de imagens: Depositphotos e Pixabay

```
Dados Internacionais de Catalogação na Publicação (CIP)
                (eDOC BRASIL, Belo Horizonte/MG)

         Vilela, Jacqueline.
V699m    Meu filho cresceu e agora? / Jacqueline Vilela. – São Paulo, SP:
         Literare Books International, 2019.
         140 p. : 14 x 21 cm

         ISBN 978-85-9455-214-3

         1. Educação – Crianças. 2. Pais. 3. filhos. I. Título.
                                                      CDD 306.7

         Elaborado por Maurício Amormino Júnior – CRB6/2422
```

Esta obra é uma coedição entre a editora Scrittore e a Literare Books International. Todos os direitos reservados. Não é permitida a reprodução total ou parcial desta obra, por quaisquer meios, sem a prévia autorização do autor.

scrittore
EDITORA SCRITTORE
Rua Haddock Lobo, 180 | Cerqueira César
01414-000 | São Paulo - SP
www.scrittore.com.br
contato@scrittore.com.br

Literare Books INTERNATIONAL
BRASIL · EUROPA · USA · JAPÃO
LITERARE BOOKS INTERNATIONAL
Rua Antônio Augusto Covello, 472 | Vila Mariana
01550-060 | São Paulo - SP
www.literarebooks.com.br
contato@literarebooks.com.br

Esta obra integra o selo "Filhos Melhores para o Mundo", iniciativa conjunta das editoras Scrittore e Literare Books International.

Editora Scrittore é nome fantasia de Eduardo Neri Ferrari.

O texto deste livro segue as normas do Acordo Ortográfico da Língua Portuguesa.
1ª edição, 2019
Printed in Brazil | Impresso no Brasil

Queridos pais,

Não vai passar...

Não vai passar os risos não dados,

os abraços distanciados, as palavras ditas,

a conexão quebrada.

Não vai passar a orientação negada,

as experiências sofridas,

a sensação de não amor...

Tudo isso fica marcado em uma fase:

a adolescência.

A idade do seu filho vai passar...

Mas o que ele vivenciou na adolescência fica.

Olhe para a adolescência do seu filho.

Ame a adolescência do seu filho.

SUMÁRIO

Capítulo 1	Introdução, **7**	
Capítulo 2	Para começo de conversa, **12**	
Capítulo 3	Que tipo de mãe ou pai você é? **17**	
Capítulo 4	Os mitos da adolescência, **26** (principais mitos que envolvem essa fase)	
Capítulo 5	As verdades sobre a adolescência, **37** (cérebro do adolescente e as tecnologias)	
Capítulo 6	Esse tal de amor incondicional, **48**	
Capítulo 7	O filho idealizado versus o filho real, **54**	
Capítulo 8	O resgate do amor entre pais e filhos adolescentes, **61**	
Capítulo 9	Superando o Caos emocional e familiar, **72**	
Capítulo 10	Isso é verdade?, **88**	
Capítulo 11	Construindo Relacionamentos, **95**	
Capítulo 12	Escolha as batalhas, **100**	
Capítulo 13	Enfim, o segredo da comunicação com filhos adolescentes, **103**	
Capítulo 14	Quebrando as barreiras e usando os conflitos para se aproximar, **108**	
Capítulo 15	Como se comunicar nas acusações, **114**	
Capítulo 16	Transformando Comunicação em Diálogo, **118**	
Capítulo 17	Considerações Finais, **122**	
	Bibliografia, **124**	

Capítulo 1
Introdução

E, de repente, o seu filhinho(a) virou um adolescente. De uma hora para outra vocês foram demitidos do cargo de administradores da vida dele e estão perdendo terreno para os amigos e as tecnologias.

De repente, o peito aperta porque os convites para sair são seguidos de sonoros: "Não quero, não vou, é chato".

De repente, vocês sentem medo. Muito medo. Porque foram anos de intensa dedicação ao seu filho que são colocados à prova e vocês não estão seguros de que fizeram o suficiente.

De repente, a sociedade está julgando vocês: "Ah, não soube educar na infância"; "O filho está assim porque os pais não deram limites"; "Os adolescentes de hoje estão assim por culpa dos pais".

De repente, em silêncio, vocês também se culpam: "Fracassamos"; "Não soubemos ser bons pais"; "Meu filho está igual a mãe ou igual ao pai, e agora?"; "Será que ainda dá tempo?".

De repente, tudo o que parecia seguro – a criança com futuro brilhante, que teria uma vida melhor do que a sua, menos sofrida do que a sua, com menos ansiedade e tristeza do que você, com mais possibilidades do que você teve etc. – se torna instável. Você vê o seu filho fazendo o oposto do que você, em todos os sonhos de futuro, imaginou.

De repente, você se depara com um filho diferente. Diferente no corpo, nas palavras, nas atitudes, no modo de lidar com as coisas, nos perigos com que se envolve.

É como se todo o seu esforço, a sua dedicação, as horas de cuidado, de trabalho para garantir o conforto da família, de sono não dormido e de amor não tivessem sido suficientes para fazer do seu filho a pessoa que a sociedade quer que ele seja. E, secretamente, que o seu filho não tenha se tornado a pessoa que você gostaria que ele fosse.

"Ok, deve ser então uma fase", você pensa. E esse pensamento acalma você por algum tempo, até ler sobre o menino que passou em uma faculdade pública para medicina, da garota que ganhou as Olimpíadas de matemática e ver fotos de pais incríveis postando o quanto se sentem orgulhosos dos seus filhos adolescentes incríveis.

E novamente a vozinha na sua cabeça fica lembrando você de que talvez não tenha feito o suficiente. Você repassa uma série de coisas que leu e que precisa agora praticar: "Não pode gritar, não pode se estressar, precisa ter calma, paciência, precisa dar amor e isso será suficiente, precisa rezar mais", e por aí vai.

E você, que parece uma panela de pressão por dentro, se segura para não explodir. Se segura para parecer que está tudo sob controle e que você, assim como todas as mães ou pais de adolescentes, sabe o que fazer.

Até o dia em que você transborda e grita, ou se cala. Ou chora todos os dias na calada da noite. Ou se afasta. Ou endurece demais. Ou reza todos os dias por um milagre. E no dia seguinte recomeça a vida e o ciclo de culpa, medo, frustração e solidão.

No fundo, ser mãe ou pai de adolescente é solitário. As pessoas possuem as suas próprias vidas e não dá muito para você ficar levando os seus problemas para elas. E também é duro ouvir conselhos do tipo "faça isso" ou "faça aquilo" e sentir que todo mundo sabe a resposta menos você.

O final desse jogo é você sempre tentando se convencer de que precisa dar conta, afinal, mães são leoas, têm sexto sentido, intuição aguçada e, em algum momento, encontrarão a resposta, não?!

Ou você, pai, sempre tentando se convencer de que não há nada com o que se preocupar, afinal, pode ser só preocupação exagerada e a vida, dura como ela é, tem dessas coisas mesmo.

Fizeram você acreditar em um mundo que não existe e hoje você luta para se encaixar nele, mesmo que seja com sofrimento ou rigidez. Você luta para não ser a mãe louca que grita com o filho, a mãe permissiva que estragou o filho, o pai controlador que sufocou o filho ou ausente que não deu amor ou qualquer tipo de mãe ou pai que você acredita que é (ou que não deveria ser).

Hoje eu quero que você receba o meu abraço. Preste bem atenção nessas coisas que preciso dizer a você:

"Eu quero dizer a você que, pode ter certeza, você fez o que podia e chegou até aqui fazendo o seu melhor."

"Eu quero que você saiba que, se você não fez mais, foi porque com certeza não sabia como, afinal, filhos não nascem com manual de instruções."

"Eu quero dizer a você que a vida não é um comercial de margarina, então, por favor, não acredite nas fotos que você vê. Essas fotos mostram o palco das pessoas, e eu garanto que os bastidores são bem diferentes."

"Eu quero dizer a você que talvez a sua vida não tenha sido fácil. Talvez tenha faltado para você amor de mãe, de pai, relações familiares para você se espelhar e que isso tenha gerado um grande vazio que ainda precisa ser curado e preenchido. Talvez a sua vida até aqui não tenha acontecido como você sonhou e você sofreu com uma separação, com uma perda, com um problema na família, com a rigidez, e isso causou em você e no seu filho marcas profundas."

"Eu quero dizer a você que o cansaço nos leva a ações que não queríamos. E que você não aprendeu com ninguém, nem em escola e nem com os seus pais, a lidar com as emoções. Você aprendeu a engolir o choro, a não mostrar sentimentos – como, então, você poderia saber lidar com os sentimentos de um filho adolescente?"

"Eu quero dizer a você que o seu grito (o que você esconde e o que você solta) quer mostrar a necessidade de parar e olhar para a sua própria vida. Que você precisa parar de se culpar, de se esconder achando que é a única mãe ou pai do universo inteiro que errou com o filho."

"Eu também quero dizer a você que precisa parar de se defender e de ficar dizendo que não precisa de ajuda ou então julgando outros pais só para se sentir melhor. Isso é um mecanismo de fuga e, acredite, não levará você a lugar nenhum, senão a mais culpa."

"Eu quero dizer a você que as pessoas que julgam você, também estão feridas em alguma parte da vida delas. E que não é pessoal, apenas estamos todos tentando sobreviver a esse mecanismo da sociedade, de informações rápidas e de busca de aprovação."

"Eu quero dizer a você que continuar falando que sabe como educar seu filho adolescente não liberta você, mas aprisiona. E que é ilusão querer fazer parte de um padrão de sociedade que não existe. Pense comigo: se os especialistas dizem que estamos caminhando para a geração de adolescentes mais triste dos últimos tempos, não pode ser só você, o responsável por todo esse quadro."

É fácil deduzir que uma parcela enorme de mães e pais está negando os problemas, as dificuldades e os conflitos. E isso está criando um maravilhoso "mundo de Alice no País das Maravilhas", ilusório e arriscado.

O mundo de "faz de conta" é tão perigoso quanto o mundo da culpa e da vergonha. Assuma as suas dificuldades, conecte-se com a sua verdade de amor, de esperança e de fé. Apesar de todas as suas dúvidas e incertezas, você continua sendo a melhor mãe ou pai para o seu filho e é a melhor pessoa para orientá-lo, amá-lo e guiá-lo.

Todos nós somos amor, mas em algum momento nos esquecemos disso e entramos no caminho do medo.

Não há vergonha no amor. Não há espaço para dúvidas no amor. O seu filho também é amor, não importa o quanto hoje ele não pareça estar conectado com isso.

Hoje eu faço a você um convite para olhar para a adolescência do seu filho como quem olha para um presente. Talvez esse presente tenha vindo embrulhado em um papel chamado "problema" e você não saiba como desembrulhar, mas eu afirmo que, quando aprender a encarar de frente e conseguir ferramentas para lidar com cada pedra no caminho, a recompensa valerá muito a pena.

Içami Tiba, que foi um grande educador, disse que a adolescência é um novo nascimento. E se é um novo nascimento, é hora de você aprender a ser pai ou não de adolescente. E não há nada de errado com isso, na verdade, quem acredita que tudo sabe perde a oportunidade de se reinventar.

Hoje, faça algo por você. Tome um banho demorado, vá correr, jogar, ouvir a sua música preferida, comer uma comida que você goste. O maravilhoso da vida é que todos os dias temos a chance de recomeçar e sempre é tempo para reescrever os finais das histórias.

Se você leu até aqui, obrigada. Eu e o meu marido também somos pais em evolução. Erramos, sentimos medo e culpa. Tem momentos que não sabemos o que fazer.

Eu, particularmente, não gosto de me sentir vulnerável (na verdade, detesto com todas as minhas forças), eu me irrito e choro. Minha vida não é perfeita e, olhando para as minhas fotos, pode ser que você não veja tudo isso. Mas esse é o meu palco, lembra? O meu bastidor nem sempre é tão bonito e aceitar isso me fez mais forte, mais consciente e mais feliz.

E, indiscutivelmente, quando me permito ser mais vulnerável, a ajuda chega – da pessoa certa, na hora certa.

Espero que esse livro seja uma das ajudas que chegaram até você. E que através dele você possa repensar em vários aspectos sobre a adolescência. Sempre há tempo.

Capítulo 2

Para começo de conversa

A maioria dos livros sobre a adolescência focam no desenvolvimento do adolescente, em assuntos importantes como drogas, alcoolismo, puberdade, namoro, sexualidade, desenvolvimento do cérebro, entre outros.

A proposta deste livro é trazer uma abordagem diferente para a adolescência, priorizando a sua preparação para essa fase e a reconexão com o seu filho.

Percebo que os pais até buscam teorias para implementar, mas esbarram na inabilidade de entender exatamente como fazer com que essas mudanças aconteçam. O que os pais não sabem é que toda mudança começa de dentro para fora e sem refletir ou mudar os conceitos sobre adolescência, sem entender os motivos pessoais para agir de determinada maneira com o filho, nenhuma teoria funcionará.

A minha missão ao escrever essas páginas é fornecer a você uma oportunidade real de virar o jogo e resgatar a relação com o filho adolescente e dar um novo significado para essa fase da vida chamada adolescência. É traduzir em palavras o que eu ouvi de muitos adolescentes e pais para mostrar um caminho alternativo de conversas e conexões, de vínculos e demonstrações de amor.

Eu acredito que os filhos são uma grande oportunidade de crescimento.

Quando eu comecei a atender adolescentes, o meu único objetivo era o de ajuda-los na escolha da profissão e na carreira. Lembro de sempre começar uma sessão perguntando sobre questões profissionais, mas depois de um tempo as coisas iam naturalmente caminhando para assuntos pessoais, na sua grande maioria envolvendo as relações familiares.

De tanto me sentir intrigada com esse padrão, eu decidi voltar meus estudos também para a área do coaching parental, algo novo no Brasil. De todas as conversas com pais de adolescentes e com adolescentes, algo salta aos meus olhos: a dificuldade de se sentirem amados.

Há uma desconexão entre pais e filhos adolescentes e ela dói para os dois lados, grande parte porque o período da adolescência vem permeado de tantos mitos e medos que fica super difícil para os pais se reconectarem no amor de uma forma natural e sem ajuda.

Esse livro é fruto de uma vontade genuína de devolver aos pais a capacidade de criar vínculos com seus filhos adolescentes, não da maneira com estavam acostumados, mas de uma forma que garanta que a fase da adolescência seja recheada de aprendizados positivos para os dois lados.

Talvez o medo já tenha tomado conta de você e talvez você hoje já esteja se sentindo tão desconectado de seu filho que fique difícil entender como você pode resgatar a relação porque ele que não aceita mais os seus conselhos, se tornou agressivo, rebelde, preguiçoso ou distante - e você já tentou de tudo, ou quase tudo, para reverter essa situação.

A essência deste livro é trazer o entendimento de que ainda dá tempo de estabelecer um relacionamento saudável com o seu filho adolescente, partindo de uma mudança na forma como você o enxerga e se comunica com ele.

Terreno fértil e inexplorado

Sim, a adolescência é ainda um terreno inexplorado. E assim é para pais e filhos. Se para você existe o susto de ver mudanças no corpo, na voz e no comportamento do seu filho, para ele é igualmente assustador. A partir dessa fase, o adolescente passa a não ser mais tratado como criança e, ao mesmo tempo, não é considerado um adulto pelos pais ou pela sociedade.

O adolescente se despede como criança e nasce novamente para a sociedade, mas neste momento ele se encontra apenas em um lugar de não pertencer: "Não tenho lugar na sociedade, na escola, na minha família, em algum trabalho ou profissão".

Durante muito tempo os ritos iniciáticos preenchiam o espaço vazio. Muitos povos faziam (alguns ainda fazem) um ritual de passagem da infância para a adolescência para devolver ao adolescente a sensação de pertencer, preparando-o para participar de um sistema social e comunitário que possui direitos e obrigações. Em muitos casos, os pais se transformam em ancestrais, alguém cuja obediência deve ser sustentada, e a sociedade passa a ser a grande família, que às vezes abriga uma tribo inteira e sua história.

Na sociedade moderna, o adolescente não possui um ritual de passagem e para sobreviver cria as suas próprias regras. Quando não há um posicionamento da família sobre a adolescência do filho, este se vê obrigado a se posicionar da forma que entende ser a correta, podendo gerar oposição de valores e conflitos familiares, na maioria das vezes.

No Brasil, a entrada na faculdade começou a ocupar o lugar de pertencer, no inconsciente, é claro, do adolescente. Para ele, ser aprovado em uma universidade trará a oportunidade de pertencer a um novo lugar. As escolas e os pais reforçam esse padrão voltando os seus esforços para o grande momento, assim, muitos adolescentes passam os anos do ensino médio se preparando para encontrarem o seu tão sonhado lugar ao sol.

O vestibular se torna o objeto de desejo. Tão especial, importante e grande, que causa uma ansiedade e um medo enorme não alcançar, sob pena de continuarem vagando sem identidade. Na minha experiência orientando adolescentes no coaching vocacional, quase sempre me deparo com um adolescente confuso, sem ideia de quem é e

do potencial que tem, mas desejando entrar em qualquer universidade apenas para voltar a se sentir útil na sociedade.

O vestibular como rito de passagem traz ao adolescente a sensação de que os problemas que enfrenta serão resolvidos com a aprovação. É um fim da linha ilusório e muitas vezes perigoso.

Infelizmente, a grande maioria se decepciona ao perceber que lugar é esse atrás do muro (a universidade que escolheu). Mais uma vez, o adolescente não só não tem vez ou voz, como chega a ser expelido pela própria universidade como alguém incapaz de contribuir.

Chamar a atenção para essa forma de rito de passagem é conscientizar os pais de que toda a adolescência é tempo de elaboração dessa passagem, vivenciada com todas suas angústias e mudanças, uma zona sombria, mas ao mesmo tempo fértil. O adolescente, embora em busca da sua própria identidade, deseja ardentemente o amor dos pais.

Os pais, por sua vez, também entram em crise. Por um lado, existe um luto a ser vivido, que é o deixar a criança ir embora para acolher a figura do filho adolescente. Por outro lado, vivenciam a crise da meia idade, ao mesmo tempo em que veem no filho a descoberta da sexualidade, força essa que, muitas vezes, estão adormecidas em si mesmos.

Todos esses elementos são importantes para contextualizar o que virá a seguir. Você, mãe ou pai, vai descobrir que o adolescente precisa ser conduzido através dessa zona negra e que conduzi-lo de forma segura ainda é o papel da família. Essa condução em alguns momentos será dolorosa para as duas partes, porque implica, necessariamente, em revisitar áreas da sua vida que estavam adormecidas, refazer acordos, conversar sobre expectativas e aceitar um novo membro da família: o seu filho adolescente.

Desejo que ao terminar de ler essas páginas você se aproprie da maravilhosa função de conduzir um adolescente para o seu lugar de pertencimento no mundo. Esse é um papel da família que vem sendo transferido para o ritual do "passe no vestibular e será alguém", condicionando de forma totalmente inconsciente o amor familiar à essa conquista.

Neste momento, faça um acordo consigo e com o seu filho para descobrir a verdade sobre a adolescência, deixando de lado os mitos negativos dessa fase. Se ela já chegou incomodando, tenha a certeza de que você tem diante de si a maior oportunidade de crescer enquanto família e de ajudar o seu filho a superar as adversidades.

*A última das liberdades humanas
é escolher as próprias atitudes*
– Viktor Frankl

Capítulo 3

Que tipo de mãe ou pai você é?

A vida é corrida, eu sei. Você comprou esse livro com a esperança que ele seja útil na ajuda para lidar com a adolescência de seu filho e ele pode realmente ser. Mas isso só vai ocorrer se você ler até o final e praticar o proposto.

Esse livro pode ser para você apenas um alívio passageiro. Comprar o livro dá a carga de esperança, mas muitos pais não conseguem chegar até o final dele por falta de tempo ou porque o livro incomodou demais.

O que é incomodar demais? Você vai ter que arregaçar as mangas e agir e quando o livro começar a te mostrar onde você está errando, o seu cérebro vai pedir para você parar de ler e fazer outra coisa. É desafiador mudar o padrão, fazer de forma diferente.

A medida em que você avançar nas suas reflexões, muitas emoções surgirão e muitas respostas serão encontradas. Possíveis vilões precisarão ser enfrentados por serem fortes adversários a te impedir de chegar ao resultado que você espera com o seu filho adolescente.

Você também encontrará uma força interna que estava adormecida. Nós pais temos um herói ou uma heroína esperando para entrar em ação. E, claro, como todos os heróis, as nossas sombras serão reveladas, exigindo de nós a sabedoria de seguir em frente.

O seu objetivo neste capítulo é identificar em qual perfil você mais se adequa ao seu estilo.

Vamos começar?

Escolher uma heroína ou herói que o represente. Ele vai servir para lembrar o quanto você pode seguir adiante, vai relembrar as suas forças e te deixar consciente do seu poder de ação

Mãe elástica

Principais poderes: resiliência, multitarefas, conciliadora e encorajadora. Sabe extrair da família o que cada um tem de melhor.

Essa mãe é uma celebração da típica mãe moderna, que se estica em centenas de diferentes direções diariamente para dar conta da família e extrair dela o que cada membro tem de melhor. Sabe cuidar da vida profissional e pessoal, sabe firmar uma posição e de viver do seu próprio modo.

Alerta da sombra: esquecimento de si mesma e cansaço físico e mental que sinalizam que é preciso buscar o próprio eixo e o equilíbrio entre o dar e receber nas relações; ficar dividida emocionalmente entre se moldar ao convenientemente aceito e esperado pelos outros e viver do que acredita ser melhor para si mesma.

Mãe brave (valente)

Principais poderes: sabedoria, conhecimento, valores e tradição. Sabe reunir a família em prol de um objetivo comum.

Essa mãe é uma visão de graça, beleza, sabedoria e força de caráter. É ferozmente dedicada ao bem-estar e aos costumes da família. Tradicional e reservada, essa mãe se transforma em urso quando precisa defender quem ama. Ela cuida da prole e da casa, luta pelo que acredita, sabe exigir respeito para viver e conduzir sua família através da sua coragem.

Alerta da sombra: rigidez dos pontos de vista, dificultando olhar de outros ângulos as diferenças pessoais, as situações em família e da vida; dificuldade de conseguir um espaço para cuidar de si mesma, ficar indecisa quanto ao seu valor e de conseguir realizar sonhos pessoais sem sentir-se egoísta.

Mãe coruja

Principais poderes: Bom humor, cultura, modernidade e jogo de cintura. Ótima conselheira para os filhos.

Essa mãe é divertida e encara a vida com leveza. Moderna e atual, gosta de colocar uma pitada de humor no dia a dia da família e de se sentir o centro das atenções para os filhos.

É conselheira e amiga, mas sempre com a dose certa de firmeza, amor e muito chamego.

Alerta da sombra: dramatizar o esforço materno e se colocar como vítima da circunstâncias, projetando as próprias carências nos filhos e na família; imaturidade emocional para lidar com o crescimento e as diferenças dos filhos e atenção materna exagerada que a leva a fazer tudo para todos. Dificuldade em dizer não e respeitar seus próprios limites.

Mãe estilosa

Principais poderes: bom gosto, requinte, praticidade e personalidade. Sabe se impor e ser firme. Excelente líder da família.

Essa mãe tem muita classe, é prática e tem uma personalidade forte. Decidida e determinada, é direta nas palavras e a líder da família. As decisões sempre passam pelas mãos dessa mãe, que não hesita em resolvê-las prontamente.

Alerta da sombra: não tolerar as falhas, erros, exercer a maternidade com perfeição, tentando controlar tudo e todos para se livrar da pressão e do julgamento do externo, garantindo que notem o quanto são boas e competentes. A rigidez pode destruir a saúde mental e física das perfeitinhas. Dificuldade de se permitir prazer, descansos e pausas.

Pai céu

Principais poderes: provedor, trabalhador incansável e dinâmico; passa segurança e proporciona conforto para sua família.

Esse pai traz todo poder de provisão para o sustento da família e o conforto e segurança para seus membros. Traz a força necessária para superação dos desafios e situações difíceis, enxergando as soluções com praticidade. Carrega um forte senso de responsabilidade, firmeza e integridade. Gosta das leis, ordem e justiça.

Alerta da sombra: dificuldade de acesso às expressões emocionais e pouco tempo de atenção e afeto dispensado aos filhos por conta das atividades profissionais. Dificuldade em reconhecer as necessidades emocionais dos outros.

Pai urso

Principais poderes: proteção, segurança, senso intuitivo aguçado, equilíbrio entre se doar ao mundo externo e se reabastecer na alegria do silêncio interno.

Esse pai é tranquilo, calmo e demonstra um lado muito protetor para seus filhos. Ele consegue transmitir afeto e seus conhecimentos com facilidade. Ele gosta da tranquilidade do silêncio para entrar em contato com suas questões internas e externas a serem resolvidas. Esse pai sabe tomar precauções necessárias para não invadirem seu espaço pessoal, definindo seus próprios limites.

Alerta da sombra: se fechar numa couraça impenetrável e brecar a evolução de suas vulnerabilidades. Deixar que sua armadura se torne uma prisão e que os medos sejam seus carcereiros, bloqueando a livre expansão de sua personalidade.

Pai the flash

Principais poderes: movimento; adaptabilidade, agilidade mental e dinamismo físico; intuição e assertividade para acertar os alvos (objetivos pessoais e familiares).

Esse pai representa o dinamismo físico, a aventura, a adaptabilidade, capacidade de observação, a astúcia e a rapidez de pensamento e de ação para se atingir os objetivos da vida. Acertar o alvo (objetivos profissionais) requer concentração, inteligência, intuição e equilíbrio emocional. É fonte de subsistência para a família.

Prioriza o ter e fazer deixando o ser para segundo plano.
Alerta da sombra: prudência nos atos que podem cair para impulsividade dificultando a habilidade de observar cuidadosamente uma situação. Camuflar os verdadeiros sentimentos por estar sempre alerta para o externo.

Pai diversão

Principais poderes: divertido, bem humorado, curioso, explorador, alegre, otimista, desfruta dos momentos felizes, criativo, incentivador. Esse pai é devoto aos filhos, muito atencioso, divertido, bem-humorado, generoso, incentivador dos filhos e das pessoas que passam pela vida dele. Gosta de farra, aventuras e de aproveitar bem a vida. São calorosos, tolerantes, possuem jogo de cintura e são otimistas natos. Possuem maior desapego material, priorizam o que a vida tem a oferecer.

Alerta da sombra: procrastinação, dificuldade em estabelecer regras e limites para si mesmo. Ao brincar demais tende a deixar de levar com seriedade ou esquece de algumas responsabilidades do mundo dos adultos.

Para refletir e entrar em ação

Com qual estilo de mãe ou pai você se identificou?

Como eles influenciam de forma positiva a sua relação com o seu filho atualmente?

Como as sombras já influenciam de forma negativa a sua relação com o seu filho atualmente?

Vilões

Abaixo você encontrará os vilões que podem te impedir de terminar este livro ou de executar o que precisa ser feito. Sua missão é combater esses vilões sempre que eles se mostrarem presentes!

Sr. Tempo

Principais poderes: fazer com que você viva na correria, sem ser produtiva; deixar você girando em círculos sem sair do lugar; deixar a sua rotina um caos.

É o vilão mais poderoso de todos e atinge todas as mães heroínas e os pais heróis. Faz de tudo para que você não cumpra as tarefas, sempre dizendo que não há mais tempo. Ele lança a ambivalência paralisante, levando a perda do sentido de si mesmo e a prostração dentre três estados emocionais: confusão mental; agitação interna e aflição emocional

Ele costuma trazer junto vários outros vilões, como a procrastinação, o desânimo e a ansiedade.

Ele sempre vai dizer que tem algo mais importante para você fazer. Vencer o vilão falta de tempo fará sua heroína/herói avançar para a vitória ao se inspirar para ganhar coragem e agir para se livrar da divisão emocional da ambivalência paralisante.

Culpástica

Principais poderes: entrar na sua mente e plantar crenças destrutivas para impedir que você vença as batalhas.

Essa é uma vilã perigosa que entra na sua mente e faz pensar coisas ruins sobre si mesma. Ela isola a mulher da sua força selvagem prejudicando o sentido de si mesma, minando a autoestima de forma corrosiva.

O objetivo dessa vilã é destruí-la mentalmente, implantando frases do tipo: eu fracassei, eu não sou uma boa mãe, onde foi que eu errei, não mereço o melhor. Ela vem com outras três aliadas: A vergonha, o medo e a impotência, representadas pelo cachorro de 3 cabeças. Com a sua mente nas mãos, ela pode impedir que você avance e vença o jogo.

Perfecta

Principais poderes: Fazer com que você perca a paciência; querer ter o controle de tudo e de todos; não suportar fracassos; ser autoritária.

Ela vai dizer a você que tudo tem que sair perfeito: cada tarefa, cada conversa, cada etapa, cada momento da sua vida. Ela impede que você possa aproveitar a vida com leveza e permitir que o novo e a criatividade surjam por impedir que a energia flua livremente pelo excesso de controle.

Ela vai dizer que você precisa ter total controle sobre a sua vida e sobre a vida do seu filho. Vai fazer você criar mais regras do que é preciso e deixá-la irritada a cada passo que não sair do jeito que ela planejou, nos mínimos detalhes. E vai fazer você se sentir fracassada muitas vezes. Vai deixá-la com muita raiva e querer impor no grito o que quer. Ela leva ao esgotamento físico e mental.

Vitimania

Principais poderes: enfraquecê-la e diminuir sua autoestima; jogá-la contra as pessoas; faz você acreditar que não vale a pena agir.

Essa é uma vilã se alimenta do drama e está mergulhada em crises de identidade e em busca do self perdido. Ela faz você se sentir desvalorizada e fica falando o tempo todo que ninguém dá valor para você, que a vida é injusta, projetando sempre no externo os resultados atuais de sua vida e sentindo que é incapaz de orientar e apoiar seus filhos e ajudar outras mães a fazer isso. Ela te faz acreditar que você é uma farsa.

Ela fica dizendo que você não é capaz, que não vai dar certo, que está impossível transpor as barreiras pessoais, que você não vai vencer o jogo e que tudo é um grande erro, levando você desistir, ficar chorando, sem fazer nada.

Sr. Helicóptero

É o vilão do desrespeito, insegurança e da baixa autoestima. Ele gera uma insegurança com relação ao seu valor e pode também acaba deixando os outros inseguros quanto ao seu valor pessoal devido a proteção excessiva.

Ele tem mania de forçar você a guiar a vida dos outros, protegendo

do fracasso ou da dor, atrofiando vontade, caráter e habilidades nos filhos e de pessoas ao seu redor. Ficam sempre sobrevoando sobre os que cuida, impondo exigências, fazendo críticas e julgamentos.
Para vencer esse vilão, os adultos precisam vencer seus próprios medos, aprender a delegar e confiar e deixar com que os outros caminharem sozinhos e criem forças ao enfrentar o mundo.

Sr. Enfezado

Principais poderes: deixar você com raiva, irritado, estressado, pesado; deixar você esgotado sem energia para realizar os objetivos pessoais; abala o ritmo produtivo da vida para seguir em frente com alegria e otimismo.

É o vilão mais ranzinza de todos. Faz de tudo para prejudicar a harmonia dos relacionamentos. Ele lança alguns elementos nocivos: o mau-humor, a impaciência, a impulsividade, a agressividade, o estresse, a chatisse, a distância emocional, a falta de comunicação e ausências.

Ele sempre vai dizer que não está disposto para fazer algo reclamando de alguma dor ou incômodo. Raramente dá atenção para os filhos pois está sempre ocupado com seus afazeres ou está cansado. É tido como reclamão e rabugento. Vencer esse vilão fará seu herói ganhar energia para seguir em frente, para desfrutar da vida e de quem ama e sentir mais leveza e gentileza em seu coração.

Sr. Coringa

Principais poderes: fazer com que você fique confuso quanto ao seu valor e capacidade. Deixar você distraído pelos passatempos e prazeres da vida, prosseguindo sem foco, seriedade e responsabilidade.

É o vilão mais fanfarrão de todos. Ele é o predador da capacidade de viver com significado. Traz o elemento da imaturidade e da falta de limites com gastos, vícios e farras. Pode ser visto como negligente. Ele apenas quer sentir prazer na vida e as responsabilidades acabam ficando postergadas, renegando a vida de rotina, com suas tarefas, deveres no mundo objetivo. Vencer esse vilão é poder ter coragem de entrar em ação, manter a concentração e foco para caminhar sobre seus próprios pés e mãos com consciência de seu valor.

Para refletir e entrar em ação

Pense nas situações que você precisa resolver, mas que por algum motivo não consegue. Descreva cinco situações abaixo que estão impactando a sua família.

1

2

3

4

5

Quais vilões estão presentes e que te impedem de resolver essas situações?

Quais vilões podem te impedir de finalizar esse livro ou de aplicar os ensinamentos dele?

Como o seu perfil de heroína ou herói pode te ajudar?

Capítulo 4
Os Mitos da Adolescência

Agora que você já descobriu o que pode te ajudar e o que pode te atrapalhar (heróis e vilões), chegou a hora de identificar quais mitos você já acreditou como verdade sobre a adolescência do seu filho.

A desconstrução da adolescência precisa passar pelas suas crenças sobre o adolescente. Existe uma atmosfera sobre a adolescência que impede os pais de curtirem essa fase de uma maneira positiva, chamada de mitos.

Mitos são narrativas usadas pelos povos gregos para explicar fatos da realidade não compreendidos por eles e tornar o mundo conhecido (e mais seguro) ao homem.

Quero pedir licença para falar um pouco sobre o mito da caverna, descrito no livro "A República", de Platão. Prometo que todo esse contexto fará total sentido para o que desejo te mostrar sobre a sua relação com o seu filho.

O mito da caverna relata a história de pessoas acorrentadas e submetidas a pouca mobilidade e visibilidade, que passavam os dias viradas de costas para a entrada principal, com feixe de luz feito por uma fogueira que projetava apenas os reflexos nas paredes internas, formando sombras. Os prisioneiros, que jamais viram as pessoas e os objetivos, imaginavam que as sombras eram a realidade.

Para Platão a caverna é o mundo em que vivemos, e as sombras, o modo como enxergamos tudo. Essa teoria explica que a nossa noção de realidade pode ser limitada pelo significado que damos às coisas ao nosso redor, criando filtros de realidade.

A mente de um bebê, por exemplo, é como uma sala vazia e ele vê o mundo através de um minúsculo orifício. A sua visão é limitada e o orifício será mais ou menos aberto conforme o trabalho dos pais ou cuidadores, com quem aprendemos a nomear as coisas, a nomear, a identificar, a contemplar a realidade de modo mais ou menos ampla.

Jean Baudrillard, professor de sociologia na Universidade de Nanterre, em Paris, e autor do livro Simulacro e Simulações, acrescentou à teoria de Platão algo importante: vivemos em uma era cujos símbolos têm mais peso, mais força e são mais atraentes do que a própria realidade. Jornais, revistas, redes sociais, propagandas e outros meios de comunicação constroem uma realidade imposta pelos padrões da mídia e que faz pais e filhos sofrerem e se distanciar. Os padrões elevados da sociedade sobre maternidade e paternidade têm simulado um excesso de culpa e pressão, não permitindo que os pais expandem naturalmente.

Gostaria de modernizar a história de Platão e colocá-la dentro do contexto atual: os pais ou cuidadores, que durante anos viveram em uma realidade onde não era permitido expressar as emoções, vêem-se obrigados a educar emocionalmente os filhos. Também saíram "da caverna" e se depararam com um avanço enorme de tecnologia, que não existia na educação passada.

Além disso, os meios de comunicação e as redes sociais imprimem uma falsa realidade, na maioria das vezes mais atraente do que a real e que causa nas famílias a necessidade de atingir um objetivo que nunca é suficiente.

Com todo esse contexto explicado, quero concluir que os pais só conseguirão alargar os orifícios dos filhos até onde a sua visão alcança e é por isso que buscar ajuda para a educação dos adolescentes se mostra, nos dias atuais, tão essencial.

Na história de Platão, existiu um momento em que um daqueles prisioneiros foi forçado a sair das amarras e vasculhar o exterior da caverna. Então ele percebeu que as sombras não eram seres reais e sim o reflexo de estátuas através da fogueira. Depois, ele foi obrigado a sair da caverna e a luz ofuscou a sua visão por um período, até que ele pudesse ver a imensidão de mundo. Como Platão disse: "Fora da caverna e deslumbrado com a verdadeira forma das coisas".

A caverna são esses mitos sobre a adolescência e que talvez você acredite.

A verdadeira forma das coisas é a própria expansão da mente, onde você começará a enxergar novas formas de se relacionar com o seu filho adolescente. E o maravilhoso dessa expansão é conseguir enxergar dentro de si as ferramentas que precisa para estruturar a sua família.

O expandir da sua mente para uma nova realidade começa encarando de frente os mitos que são sombras na vida dos pais de adolescentes. Mitos que estão impedindo de enxergar a "verdadeira forma das coisas". Eu espero que você tenha a coragem para expandir a mente e só então conseguir conduzir o seu filho pelos desafios mundo moderno.

Mitos que desconectam e afastam

A adolescência é relativamente nova e na cultura moderna é considerada como uma fase problema.

Os pais, tentando explicar a realidade que eles não compreendem, criam mitos que limitam a sua capacidade de educar filhos adolescentes.

Se você está lendo esse livro é porque assumiu como prioridade o seu filho e a sua família e eu te honro por isso. Você já faz parte de um grupo seleto de pais que perceberam que precisam tomar as rédeas da educação dos filhos, mesmo que não saiba totalmente o que fazer.

Pouco a pouco vamos tirar da sua frente mitos que não te ajudam em nada e construir um caminho que faz mais sentido para esta fase do seu filho.

Mito N.° 01: Adolescente É Tudo Igual

Se você generaliza, perde a capacidade de olhar para as particularidades que a adolescência trás. Seu filho não é um adolescente igual a outros tantos, ele tem características, habilidades, talentos e personalidade única que precisa ser explorada e valorizada, para que descubra o seu lugar no mundo.

Acreditar que adolescente é tudo igual é tirar do seu filho a oportunidade de ser ele mesmo. Você está dizendo para o seu filho que ele deve ser igual a todos os outros adolescentes e isso o torna muito mais suscetível a influências externas.

A adolescência não será igual para todos os jovens porque eles se descobrirão fazendo inúmeras coisas pela primeira vez (experiências primárias): O primeiro amor, o primeiro beijo, o primeiro fora, o primeiro olhar para o corpo, a primeira experiência sexual, a primeira viagem sem os pais e por aí vai.

Toda experiência primária passa por três fases:

A realidade - Como essa experiência se deu de verdade, os fatos concretos, sem as nossas interpretações.

Os filtros - O que a experiência significou no momento em que aconteceu, se foi boa ou ruim, se foi como as expectativas criadas ou não;

A interpretação – A partir do que aconteceu e dos filtros que temos de vida, o adolescente dará a sua interpretação, que pode ser positiva ou negativa àquela experiência.

Todos os filtros que hoje nós temos na nossa vida tem um começo de uma experiência primária (a primeira vez que isso aconteceu) e cada adolescente perceberá essas experiências de uma forma única e especial.

A própria adolescência do seu filho é para você uma experiência primária. Aplicando o mesmo conceito das 03 fases, o que acontece com a maioria dos pais é o seguinte fenômeno, disparado pelo mito: - Ah, mas adolescente é tudo igual mesmo.

Realidade: Adolescente passando pela puberdade, cérebro ainda não desenvolvido. Algumas características são comuns, no entanto, cada adolescente sentirá com mais ou menos intensidade.

Os filtros: adolescente é tudo igual, só muda de endereço.

Interpretação: por acreditar que adolescente é tudo igual você desconsidera as particularidades e necessidades do seu filho adolescente. Pode, por exemplo, não perceber alguns comportamentos fora da curva para essa fase, pode deixar de observar as linguagens do amor, pode mudar o seu padrão só para críticas ao que mudou no seu filho, pode se afastar por não saber o que fazer.

O fato é que cada adolescente criará os seus próprios filtros a partir das experiências primárias que irão vivenciar. Como pais, você deve observar e ajudar o seu filho na construção de filtros mais saudáveis, conversando como ele tem recebido cada experiência de vida e como pode deixa-las ricas para o seu crescimento, além de mostrar a ele que a sua individualidade será preservada.

Mito N.º 02: adolescência é a fase problema

Ao acreditar que a adolescência inteira é uma fase problema, os pais passam a se movimentar apenas buscando se livrar da dor de ter um filho adolescente. E quanto mais tentam se afastar, mais dão o foco para as dores. É comum os pais de adolescentes focarem nas atitudes erradas dos filhos e passar a se comunicar de uma das duas formas abaixo:

Primeiro: Ignorar o problema

Por não saber o que fazer, os pais não fazem nada. Se apegam no mito nr 01 (adolescente é tudo igual) ou no mito nr 05 (vai passar), como forma de justificar a sua total falta de tempo ou de vontade para buscar ajuda.

Infelizmente, cedo ou tarde, esse problema virá com uma força muito maior.

Segundo: Responsabilizar fatores externos

É a adolescência que é problemática, são as influências, a escola deveria ver isso, entre outras. Qual a chance e pais que pensam dessa forma lidar de uma maneira positiva com o problema se acreditam que a própria adolescência é o problema?

Encare os problemas de frente.

Essa é a melhor opção. A essência de qualquer problema é aprendizado, evolução e crescimento.

Quando uma nova fase se inicia, algumas novas habilidades são exigidas dos pais e estratégias precisarão ser criadas, assim como novos conhecimentos, habilidades e ferramentas para lidar.

Ao decidirem conscientemente encarar os problemas da adolescência de frente, algo impressionante acontece com todos os pais que eu atendo no coaching parental:

Eles descobrem que são maiores do que os problemas e que esses desafios da fase da adolescência podem se tornar um presente para a reconexão familiar. Eles descobrem que há muitos momentos incríveis tendo um filho adolescente em casa.

Mito N.º 03: não dá mais tempo, eu já errei

Quando os pais não se preparam para a fase da adolescência, as opções e recursos para lidar com os desafios, que certamente surgirão, são escassos.

Uma das necessidades humanas é a necessidade de controle, da certeza. E não há nada mais incerto do que a adolescência de um filho, tamanha são as mudanças e as experiências primárias.

Ao sentir que perdeu o controle que acreditava ter do seu filho os pais apelam para dois extremos: a permissividade e a rigidez

Os pais que acreditam que não dá mais tempo, podem desistir de tentar uma conexão e se tornarem extremamente passivos na educação (permissividade). Já outros, podem se tornar absurdamente controladores (rigidez). Um dos padrões que eu mais identifico nos pais que acreditam no mito de "não dá mais tempo" é a generalização:

Eu sou um péssimo pai
Eu sou uma péssima mãe
Eu fracassei
Tudo está dando errado na minha vida
Não consigo fazer mais nada na vida

Com o foco no problema, fica muito difícil encontrar soluções ou restabelecer o controle. Deixar de acreditar nesse mito traz aos pais a capacidade de pensar em soluções, que devolverão aos poucos a harmonia familiar.

Esse livro vai te ajudar a encontrar novos recursos para se livrar de uma vez desse mito, tão prejudicial.

Mito N.º 04: os adolescentes não querem os pais por perto

Por mais que o seu filho diga que não precisa mais de você, é na adolescência onde você precisa se fazer cada vez mais presente, só que de uma forma diferente.

Até agora você era o administrador da vida do seu filho, marcava consultas, planejava passeios, ajudava e cobrava a lição. Era você que seu filho procurava quando sentia medo ou para contar sobre o dia. Mas, sem avisar, ele simplesmente te demite do cargo.

É verdade, o adolescente se isola e já não aceita tanto assim as opiniões dos pais. Muito do que você fala está um tanto ultrapassado, exagerado ou sem sentido para ele. É a fase do "estar mudo" ou "monossilábico" e, o mais desesperador para os pais, essa fase dura anos.

É sofrido para o adolescente, mas há pesquisas que já dizem que é mais sofrido ainda para os pais. Por não saber como agir, os pais também se afastam dos filhos.

O que precisa ficar claro para você nessa fase é que o silêncio é necessário e, se encarado como algo importante, pode ser muito benéfico.O adolescente precisa se voltar para o interior para se encontrar com a sua intimidade, para pensar acerca de quem é e das suas novas experiências e formas de sentir o mundo.

Para elucidar melhor, pense que esse adolescente precisa ir para um Ashram (lugar para retiro espiritual) e lá ter uma experiência com ele mesmo, ainda que seja não fazer nada trancado um dia inteiro no quarto.

O conselho desse passo é: - Não perca a paciência e, embora ele se afaste de você, nunca se afaste do seu filho, esteja sempre presente na vida dele.

A nossa cultura ocidental valoriza demais a extroversão e o barulho e de menos o silêncio. Mas é o silêncio que mais nos aproxima de nós mesmos.

Estabeleça os limites e fique atento aos sinais mais graves de comportamento, mas, se esse não for o caso, respeite.

"O estar calado é também uma forma de comunicação. Dão-se informações através das palavras, mas também através do silêncio, por isso, os adolescentes estão a dizer-nos alguma coisa. Nós, os pais, devemos desenvolver a habilidade de decifrar o que está acontecendo".
Carolina Dell Oro

Mito N.° 05: vai passar

Quando o filho é pequeno os pais falam: - Aproveita bastante essa fase gostosa que vai passar.

Já na adolescência é assim: - Espera que vai passar.

Gostaria de compartilhar a realidade que eu vivo nos atendimentos de coaching para jovens: O seu filho realmente deixará de ser um adolescente e caminhará para a sociedade como um adulto, mas o que ele viveu ou não viveu não passa. O que ele não aprendeu, o que ele sentiu e guardou, o tempo que ele perdeu, as oportunidades que ele não viu, tudo ficará dentro dele e um dia ele terá que lidar com essas questões não resolvidas.

Esse mito do "vai passar" é o que mais desconecta, infelizmente.
Os pais deixam de buscar.
Os pais se acovardam.
Os pais se sentem cansados.
Os pais têm preguiça.

Ao acreditar que vai passar, os pais deixam de buscar e não buscar informação é podar o seu filho e você de experiências primárias enriquecedoras para o crescimento familiar. Também é contribuir negativamente para que o amor não seja percebido, já que e a maioria dos pais não está ainda preparado para esta nova forma de dar e receber amor.

Em cada fase, os pais precisam desenvolver habilidades para lidar com os desafios dos filhos e os familiares. Abaixo eu coloco alguns desses desafios, começando um pouco antes da adolescência e indo até a fase adulta (para você antecipar a sua próxima fase):

Filhos de 7 a 12 anos

Essa é uma fase de mudanças de comportamento e interesses por parte do filho e também são acompanhadas por mudanças físicas.

O filho está buscado o seu lugar dentro do sistema familiar, querendo ter as suas vontades mais respeitadas e atendidas. Está buscando aos poucos fazer a transição da infância para a adolescência e vai experimentando novos conteúdos, jeitos de vestir, ídolos e amigos.

Embora mais independente, o filho continua precisando do apoio dos pais e cuidadores, que devem introduzir conversas sobre a vida, os fracassos, escolhas, emoções e amizades.

Os problemas durante essa fase de vida são, em maior ou menor grau, dependendo de como a família fez a passagem do ciclo:

- Incapacidade de impor limites e exercer a autoridade necessária;

- Recusa ou incapacidade de uma das partes de comportar-se como pais dos seus filhos;
- Problemas com estados emocionais dos filhos, que geram inconstâncias;
- Não aceitar a fronteira geracional entre pais e filhos (não entendimento de que os pais devem ser os cuidadores da educação física e emocional da criança e os adultos da situação);
- Pais que esperam que os filhos se comportem como adultos;
- Visão de que o filho é o "único problema" que precisa ser tratado, isolado do sistema familiar;
- Dificuldades na concordância sobre o modo de educar o filho;
- Dificuldades escolares, que gera tensão familiar;
- Problemas com as tecnologias (excesso);

Filhos de 12 a 18 anos

Esse ciclo requer uma nova definição dos papéis pais-filhos dentro do sistema da família. Os pais devem criar os próprios rituais para redefinir os limites e as regras, além de incorporar e reconhecer os valores do filho adolescente ao pilar da família. O filho adolescente trará para o sistema familiar novas pessoas e novas ideias e os pais devem acolher, orientar e readequar o sistema a partir dessa nova dinâmica.

Alguns problemas durante essa fase de vida podem ocorrer:
- Pais que não aceitam o crescimento dos filhos e se prendem a uma imagem anterior idealizada;
- Uma das partes que se recusa a aceitar a expansão dos limites e quer continuar mantendo 100% do controle sobre a vida do filho;
- Problemas percebidos, como uso de drogas, álcool e outras substâncias;
- Comportamento agressivo e desafiador do filho em relação aos pais;
- Distanciamento do filho e incapacidade dos pais para lidar com a mudança;
- Crise de identidade do casal (os casais adolescem com os filhos);
- Mudanças profissionais e de rota familiar;
- Dificuldades escolares, que gera tensão familiar;
- Dúvidas sobre a escolha profissional;
- Problemas com as tecnologias (excesso);

Filhos de 18 a 25 anos

É uma fase de escolhas e de preparação para o voo do filho. Os pais precisam prepará-lo para o voo solo, ao mesmo tempo que se preparam para a diminuição do sistema familiar com a saída do filho. O filho começa a construir a sua própria família e os pais precisam se preparar para acolher essa pessoa.

Alguns problemas durante essa fase de vida podem ocorrer:
- Problemas percebidos, como uso de drogas, álcool e outras substâncias;
- Comportamento agressivo e desafiador do filho em relação aos pais;
- Distanciamento do filho e incapacidade dos pais para lidar com a mudança;
- Saída do filho para uma vida independente (faculdade em outro local, morar sozinho);
- Insatisfações pessoais, profissionais e de relacionamento entre os parceiros;
- Filhos que possuem dificuldade em assumir responsabilidades;
- Dificuldade na inserção do filho no mercado de trabalho;
- Gravidez não planejada do filho;
- Necessidade de mudança de carreira;
- Falta de clareza para a retomada dos projetos pessoais;
- Problemas com a velhice dos pais (doenças, cuidados ou até a morte).

Filhos acima de 25 anos

É a fase do lançamento dos filhos adultos para a sociedade ou para contribuir com a sociedade de maneira independente. Nesse ciclo ocorre o maior número de entradas e saídas dos membros das famílias, seja pela saída do filho (que pode também se dar na fase anterior), ou pelo casamento, vindo de netos e até pela morte.

Alguns problemas durante essa fase de vida podem ocorrer:
- Dificuldade dos pais em aceitar o distanciamento do filho;
- Falta de propósito e missão de vida, que ocasiona o vazio;
- Pais que assumem a responsabilidade de cuidadores dos netos, sem se prepararem adequadamente para o papel;
- Problemas de relacionamento com a família expandida (nora, genro);
- Filhos que continuam dependentes dos seus pais;

- Família que se expande de forma desordenada (filho que traz a família para morar com os pais);
- Agora que você já descobriu quais os principais mitos que te impedem de estabelecer uma conexão genuína na fase da adolescência, o primeiro desafio é refletir sobre como esses mitos já impactam a sua vida familiar.

Para refletir e entrar em ação

Quais mitos sobre a adolescência você acreditava ser verdade?

Como acreditar nesses mitos te afasta do seu filho adolescente?

"Eis que o semeador saiu a semear. E, ao semear, uma parte caiu à beira do caminho; foi pisada, e as aves do céu a comeram. Outra caiu sobre a pedra; e, tendo crescido, secou por falta de umidade. Outra caiu no meio dos espinhos; e, estes, ao crescerem com ela, a sufocaram. Outra, afinal, caiu em boa terra; cresceu e produziu a cento por um"
(LUCAS 8:5-8).

Capítulo 5
As verdades sobre a adolescência

Uma parte importante do processo para melhorar a comunicação com o seu filho adolescente é descobrir que fatores internos (provenientes do próprio desenvolvimento) e fatores externos (estímulos) podem influenciar o comportamento na fase da adolescência e ocasionar os problemas descritos acima. Dois fatores merecem um maior destaque por serem os principais potencializadores de mudanças de comportamento:

Fator 1: O cérebro do adolescente

Eu não poderia avançar sem dar uma pincelada antecipada em algo que é bem recente, mas igualmente importante para entender o universo adolescência: O desenvolvimento do seu cérebro.

Muitos pais não entendem por que seus adolescentes se comportam de forma impulsiva, irracional ou perigosa. Às vezes, parece que os jovens não pensam nem consideram completamente as consequências de suas ações.

Durante muitos anos, o estudo do cérebro do adolescente ficou inacessível para os cientistas, no entanto, as pesquisas dos últimos 10 anos, alimentadas por tecnologia como a ressonância magnética funcional, revelaram que os cérebros jovens possuem sinapses de rápido crescimento e seções que permanecem desconectadas. Isso deixa os adolescentes facilmente influenciados pelo seu ambiente e mais propensos ao comportamento impulsivo, mesmo sem o impacto de hormônios e quaisquer predisposições genéticas ou familiares.

"É um momento paradoxal de desenvolvimento. Estas são pessoas com cérebros muito afiados, mas não tem certeza do que fazer com eles", diz Frances E. Jensen, professora de neurologia da Harvard Medical School (HMS)[1].

Estudos demonstraram que o cérebro continua a amadurecer e se desenvolver ao longo da infância e adolescência e até o início da idade adulta. Os cientistas identificaram uma região específica do cérebro chamada amígdala, que é responsável por reações imediatas, incluindo medo e comportamento agressivo.

Essa região se desenvolve cedo. No entanto, o lobo frontal, responsável por processos cognitivos, como raciocínio, planejamento e julgamento, amadurece de trás para a frente. É nele que fica o córtex frontal, a área do cérebro que controla o raciocínio e ajuda a pensar antes de agir, e se desenvolve mais tarde.

Imagens do cérebro em ação mostram que o cérebro dos adolescentes trabalha de forma diferente dos adultos quando tomam decisões ou resolvem problemas. Suas ações são guiadas mais pela amígdala, que é emocional, e menos pelo córtex frontal, pensativo e lógico.

Enquanto isso, as redes neurais que ajudam as células cerebrais (neurônios) a se comunicar através de sinais químicos estão se ampliando no cérebro adolescente. O aprendizado ocorre nas sinapses entre neurônios, à medida que as células se excitam ou inibem umas às outras e desenvolvem sinapses mais robustas com estimulação repetida. Essa excitação celular, ou "potencialização a longo prazo", permite que crianças e adolescentes aprendam línguas ou instrumentos musicais com mais facilidade do que os adultos. Por outro lado, essa plasticidade também torna o cérebro adolescente mais vulnerável a estressores externos.

Outra descoberta interessante sobre o cérebro dos adolescentes se deu durante testes de risco e baseados em recompensas. Uma região do interior do cérebro mostrou mais atividade em adolescentes do que em crianças ou adultos. Essa região, conhecida como estriado ventral, é muitas vezes referida como o "centro de recompensas" do cérebro. A região leva o adolescente a repetir comportamentos que proporcionam uma recompensa, seja positiva (coisas materiais) ou negativa (punição). Crucialmente, o
estriado ventral se comunica com o córtex pré-frontal, que como já vimos é o planejador principal do cérebro, e que no adolescente ainda não está totalmente desenvolvido.

Essa região do cérebro parece "estar gritando mais alto" entre as idades de 13 e 17 do que em qualquer outro momento durante o desenvolvimento humano.

Com base no estágio do desenvolvimento cerebral, chegamos à conclusão de que os adolescentes são mais propensos a:
- agir por impulso;
- ser mal interpretado ou interpretar mal as sugestões e as emoções sociais;
- se envolver em acidentes de todos os tipos;
- se meter em confusão, como brigas;
- se envolver em comportamentos perigosos ou arriscados;
- ter fascínio pelo sistema de recompensa.

Os adolescentes são menos propensos a:
- pensar antes de agir;
- fazer uma pausa para considerar as consequências de suas ações;
- mudar seus comportamentos perigosos ou inapropriados.

Essas diferenças no cérebro não significam que os jovens não possam tomar boas decisões ou distinguir a diferença entre certo e errado

e nem que eles não devam ser responsabilizados por suas ações. No entanto, a consciência dessas diferenças pode ajudar os pais de adolescentes a antecipar e ajudá-los a gerenciar o comportamento.

As principais preocupações dos pais, explicadas pelo desenvolvimento do cérebro:

Ser bagunçado e pouco interessado em limpeza: a limpeza precisa de um nível sofisticado de controle cognitivo, e a maneira como o cérebro adolescente está conectado comprova que ele não é bom em planejamento. Partes do cérebro se conectam entre si através de sinapses, que são isoladas, assim como fios elétricos. Esse isolamento é uma substância gordurosa chamada mielina, que é criada ao longo do tempo. O processo leva anos, e começa na parte de trás do cérebro e lentamente avança. Os últimos bits do cérebro para se conectar são os córtex frontal e pré-frontal, onde a percepção, a empatia e a tomada de riscos são controladas. Isso significa que adolescentes muito inteligentes farão coisas muito estúpidas de forma muito impulsiva. E pelo mesmo motivo a organização não é uma prioridade elevada para a maioria dos adolescentes.

Não conseguir planejar: o córtex pré-frontal, a área do cérebro envolvida na tomada de decisões, planejamento e autocontrole, é a última parte a amadurecer. Não é que os adolescentes não tenham capacidades de lóbulo frontal, mas sim que seus sinais não estão chegando ao fundo do cérebro com rapidez suficiente para regular suas emoções. É por isso que a conduta de risco e o comportamento impulsivo são mais comuns entre adolescentes e adultos jovens.

Tendência a correr riscos: embora o desenvolvimento do córtex pré-frontal seja o último passo na lista de verificação do desenvolvimento, os adolescentes sofrem grandes mudanças em seu sistema límbico – a área do cérebro que controla as emoções – no início da puberdade, que geralmente é de 10 a 12 anos. Os médicos agora acreditam que esse desajuste no desenvolvimento da parte do controle do impulso do cérebro e da parte do cérebro alimentada por hormônios e emoções é o que causa os comportamentos de risco que são tão comuns entre os adolescentes.

Sofrer mudanças de humor repentinas: o córtex pré-frontal se comunica com os centros emocionais do cérebro através de conexões intrincadas. Nos adultos, essas conexões têm se fortalecido com experiência e maturação, mas durante a adolescência, as conexões não estão totalmente desenvolvidas, por isso é mais difícil para um adolescente desligar esses sistemas emocionais.

Os adolescentes podem ficar frustrados com as situações e com eles próprios, já que muitas coisas ainda não se encaixam no seu cérebro. O comportamento de risco e a impulsividade que eles exibem são devido a não terem acesso total aos lobos frontais, o que causa mudanças de humor e conflitos.

Distanciamento da família: os adolescentes estão uma época de autodescoberta e da busca por novidades, e é natural que comecem a cortar laços com os pais: precisam se tornar independentes. Mas vivemos em um mundo muito complexo e nenhuma outra geração adolescente na história teve tanto estímulo e exposição aos muitos estresses potenciais que surgem on-line. Por esse motivo os pais sentem-se cada vez mais receosos entre liberar e proibir, causando mais distanciamento.

Dormir demais, viver com sono: existe absolutamente uma base biológica para isso. Em muitos outros mamíferos, como roedores bebês, os padrões de sono mudam durante o período da adolescência. Desde a puberdade até o final da adolescência, o relógio circadiano está realmente programando-os para dormir e acordar cerca de três a quatro horas depois dos adultos. Isso é um problema, já que eles são relativamente privados de sono quando você os acorda às 8 da manhã.

É algo que talvez queiramos pensar como uma sociedade e dentro dos sistemas educacionais, uma vez que a privação crônica do sono certamente não está ajudando os adolescentes a fazer seu maior trabalho, que é ir para a escola. Sabemos o quão importante é o sono para a consolidação da memória e da aprendizagem. Trata-se de fortalecimento de sinapses, um processo quimicamente prejudicado em um cérebro privado de sono. Esse poderia ser um motivo para as lutas, também – todos sabem que a privação do sono faz você emocionalmente impulsivo.

Desinteresse pela escola: para muitos adolescentes, certamente é mais divertido jogar um videogame ou navegar pelo Facebook do que fazer a lição de casa ou ir para a escola. É um desafio do mundo moderno, que se agrava pela não modernização do sistema de ensino. As pessoas têm diferentes estilos de aprendizagem e há muita oportunidade de plasticidade antes que o cérebro do adolescente esteja totalmente maduro.

O cérebro dos adolescentes tem conexões mais sinápticas do que o dos adultos, o que os tornam altamente impressionáveis, pois estão construindo sinapses e modificando-os à medida que aprendem. Eles estão preparados para aprender e memorizar rapidamente. É um período de grande oportunidade, e isso sugere que o incentivo dos pais nessa fase é crucial porque realmente pode mudar o destino do jovem em relação à forma como ele funciona e vê a vida, mudando a sua rota para melhor.

Tendência a desenvolver vícios: os riscos para problemas de saúde como o vício também são maiores durante esse período de tempo. O vício é simplesmente uma forma de aprender porque é a estimulação repetida do circuito de recompensas no cérebro, que é mais maduro do que o lobo frontal neste ponto. A biologia dos cérebros dos adolescentes os torna mais suscetíveis aos efeitos das substâncias e do estresse e, consequentemente, ao vício.

Os riscos de vícios nessa fase também já foram comprovados. Pesquisas revelam que a mesma quantidade de drogas ou álcool tem um efeito muito mais forte do que em adultos. O consumo excessivo de álcool ou drogas pode causar danos cerebrais em adolescentes, onde só causará intoxicação em adultos, e os jovens ficam viciados mais rápido do que se estivessem expostos às mesmas substâncias mais tarde. Os adolescentes estão preparados para aprender rapidamente, mas o vício prejudica completamente o processo de aprendizagem.

Fator 2 - Abuso no uso das tecnologias: O cérebro adolescente está com fome de estimulação, mas o mundo de hoje traz uma quantidade dela sem precedentes. Como os adolescentes não têm acesso completo a seu lobo frontal, usando seu julgamento para dizer: "ok, agora basta" ou "eu preciso parar e fazer outra coisa", ainda é uma fraqueza para eles.

Estudos demonstraram que, enquanto os adolescentes são melhores em aprender multitarefa do que os adultos, a distração de smartphones e outros dispositivos ainda pode prejudicar a aprendizagem, então eles devem desligá-los completamente quando tentam estudar.

O uso excessivo de tecnologias também tem causado nos jovens a síndrome do pensamento acelerado. Muita estimulação prejudica a concentração e causa uma irritabilidade acima do normal, por isso, se o seu filho fica muito tempo jogando ou usando o celular e ao mesmo tempo parece mais agressivo do que o normal, existe com absoluta certeza um fator agravante para o uso das tecnologias em excesso.

A seguir você encontrará um teste para avaliar o uso de tecnologias no seu filho adolescente e refletir sobre o quanto esse fator hoje influencia no comportamento dele.

Teste Vício em Internet (PCIAT) - Para Os Filhos Adolescentes

Com base na escala de cinco pontos a seguir, selecione a resposta que melhor representa a freqüência do comportamento descrito no seguinte questionário de 20 itens.

0 = Não Aplicável
1 = Raramente
2 = Ocasionalmente
3 = Frequentemente
4 = Quase Sempre
5 = Sempre

Quantas vezes o seu filho desobedece prazos que você definiu para uso online? [ ]

Quantas vezes o seu filho enrola para fazer as tarefas domésticas para passar mais tempo online? [ ]

Quantas vezes o seu filho prefere ficar online em vez de ficar com o resto da sua família? [ ]

Com que frequência o seu filho conhece novas pessoas online e até se relaciona com elas? [ ]

Com que frequência você se queixa da quantidade de tempo que seu filho passa online? [ ]

Com que frequência as notas de seu filho sofrem por causa da quantidade de tempo que ele ou ela passa online? [ ]

Quantas vezes o seu filho verifica as mensagens antes de fazer outra coisa? [ ]

Quantas vezes o seu filho lhe parece desconectado do mundo desde que começou a usar a Internet? [ ]

Quantas vezes o seu filho fica na defensiva quando perguntado o que ele ou ela faz online? [ ]

Quantas vezes você já pegou o seu filho online contra a sua vontade ou ordem? [ ]

Com que frequência o seu filho passa um tempo sozinho em seu quarto jogando no computador? [▅]

Quantas vezes o seu filho recebe telefonemas estranhos de novos amigos "online"? [▅]

Quantas vezes o seu filho demonstra estar irritado, grita ou se mostra incomodado enquanto online? [▅]

O quanto você percebe que o seu filho parece mais cansado e fatigado do que ele ou ela era antes da Internet? [▅]

Quantas vezes o seu filho parece preocupado com estar de volta online quando offline? [▅]

Quantas vezes o seu filho tem acessos de raiva com sua interferência sobre quanto tempo ele ou ela passa online? [▅]

Quantas vezes o seu filho escondeu de você que passou mais tempo online em vez de fazer o dever ou atividades extras obrigatórias e você acabou descobrindo ou desconfiando? [▅]

Quantas vezes o seu filho se torna irritado ou agressivo quando você coloca limites de tempo em que ele ou ela está autorizado a gastar online? [▅]

Com quê freqüência seu filho escolhe para passar mais tempo online do que sair com os amigos? [▅]

Quantas vezes o seu filho se sente deprimido, mal-humorado ou nervoso quando offline e esses sintomas parecem desaparecer uma vez que ele volta online? [▅]

Depois de todas as perguntas foram respondidas, adicione os números para cada resposta para obter uma pontuação final. Quanto maior a pontuação, maior o nível de dependência e de criação de problemas resultantes de tal uso da Internet.

O índice de gravidade insuficiência é a seguinte:

Nenhum: 0 - 30 pontos

Suave: 31 - 49 pontos: Seu filho é um usuário médio on-line. Ele ou ela pode navegar na Web um pouco longo demais, às vezes, mas parece ter o controle de seu uso.

Moderada: 50 - 79 pontos: O seu filho parece estar experimentando ocasional para problemas frequentes por causa da Internet. Você deve considerar o impacto total da Internet na vida do seu filho e como isso tem impactado o resto de sua família.

Grave: 80 - 100 pontos: o uso da Internet está causando problemas significativos na vida do seu filho e, provavelmente, sua família. Você precisa resolver estes problemas agora.

Se o excesso de tecnologias já é um problema na vida familiar, aconselho a buscar formas de equilibrar o uso, para que esse quesito não seja um fator prejudicial das suas ações para se comunicar melhor com o seu filho. Avalie o seu próprio uso das tecnologias.

Para refletir e entrar em ação

Qual a importância de aprender sobre o funcionamento do cérebro do adolescente? Quais aspectos foram os mais importantes.

Você identificou excesso de tecnologias na rotina do seu filho adolescente? Quais comportamentos podem ser agravados com esse excesso?

O progresso é impossível sem mudança e aqueles que não conseguem mudar suas mentes, não consegue mudar nada
– George Bernard Shaw

Capítulo 6
Esse tal de Amor incondicional

Neste capítulo você vai descobrir que o amor é muito mais do que uma simples palavra e sim o fator crucial para toda a evolução saudável da espécie humana. Biologicamente somos mamíferos, portanto, nos originamos no amor e somos dependentes dele para evoluirmos. Mas, o que é o amor?

O amor é uma emoção que produz uma energia tremendamente poderosa, capaz de organizar naturalmente as famílias. Na sua forma pura requer a atitude de aceitar o outro de forma incondicional, sem exigir ou esperar nada como recompensa, ou seja, o amor só sobrevive na cooperação verdadeira.

O natural é que os pais amem os seus filhos, no entanto, especialmente na fase da adolescência, mais da metade dos filhos não se sentem amados pelos pais e vice-versa. Posso dizer com absoluta certeza que 99% dos problemas familiares se dá pela negação desse amor.

O que acontece na interação entre pais e filhos que faz com que o amor não seja sentido pela outra parte? Para responder a essa pergunta eu preciso falar com você sobre amor incondicional e condicional:

Amor incondicional - É a aceitação do outro como um legítimo outro na convivência. É ocupar-se do bem-estar do outro e do meio ambiente. Em vez de oferecer instruções do que e como fazer, amar é respeitar o espaço do outro para que ele exista em plenitude.

Amar nos permite ser vistos, ter presença, ser escutados, enfim, existir como pessoa. É um tipo de comportamento em que não há expectativas e preconceitos – impera a aceitação do outro da forma como ele existe.

Amor condicional - Vivemos em um momento histórico em que predominam relações de dominação, a necessidade de ter filhos perfeitos. Perfeição implica expectativa e isso é condicionar o amor. O amor verdadeiro não exige nada, não pede retribuição. Quando surge a exigência, desaparece o amor. A competição, o controle e o autoritarismo também se contrapõem aos fundamentos amorosos. Isso é o oposto do amar, pois amar é um respeito pela individualidade.

A família é o nosso principal ambiente de evolução humana. Quando o amor se faz presente de forma consciente, o ambiente familiar floresce, quando o amor é condicionado a atitudes e recompensas, o ambiente familiar se torna nocivo e destrutivo.

A mais difícil das lições sobre o amor (e a mais importante na fase da adolescência) é que ele não admite críticas, pois elas significam a imposição dos desejos de alguém sobre outra pessoa e isso dissipa o prazer de estar junto.

Quando eu falo sobre o amor incondicional, é comum passar pela cabeça dos pais que esse tipo de amor leva à permissividade. Certa vez um pai me perguntou:

- Mas se eu amar incondicionalmente e esse tipo de amor não admite críticas, como é que eu vou ensinar para o meu filho a ter respeito pelas pessoas? Ele vai pisar em mim e na mãe!

O meu papel durante todo esse livro é te conduzir de uma forma segura e simples a um entendimento diferente sobre conceitos que vão mudar completamente a sua vida e a vida da sua família, por isso, neste momento eu pedirei que confie no que virá a seguir:

O que criticamos nunca é o amor. O amor precisa ser mantido como algo sagrado dentro da sua família, precisa ser cultivado, nutrido e principalmente, defendido. Quando acontece uma situação desafiadora na sua vida familiar, lute para que o sentimento de amor sempre seja preservado porque, quando ele some, não há mais porque a família evoluir.

Certa vez a minha filha mentiu. Quando eu descobri, ela chorou e disse que ficou com medo de me contar para eu não ficar brava. Neste momento eu abaixei e disse para ela que teríamos ainda muitos outros conflitos ao longo da nossa convivência, que algumas vezes discordaria do que ela diz ou faz, outras vezes ficaria chateada, brava, magoada, poderia também negar alguns pedidos e deixá-la brava comigo, mas que nunca, jamais, em hipótese nenhuma, o meu amor por ela mudaria e que esse era o motivo pelo qual iríamos superar essas adversidades.

Amar incondicionalmente um filho é deixar que ele saiba que esse é um lugar em que ele pode voltar sempre. Aconteça o que acontecer, errando ou acertando, o amor dos pais precisa ser inegociável aos olhos dos filhos.

Isso me lembrou também um diálogo com Jonas (nome fictício), um adolescente que eu atendi no coaching parental:

Jonas: - Meus pais não me amam.

Eu: - O que você quer dizer exatamente com essa afirmação? Você realmente acha que os seus pais não te amam?

Jonas: - Tipo, eles me amam, mas só se eu fizer o que eles me pedem. Se eu sou educado, se eu arrumo meu quarto, se eu tiro boas notas.

Em outra ocasião, uma conversa com a minha filha, quando ela tinha 8 anos, também acendeu a luz vermelha para a forma de sentir o amor dentro das famílias:

Filha: - Mãe, a Bruna, minha amiga da escola, conseguiu uma medalha de ouro nas olimpíadas de matemática.

Eu: - Que bacana filha! Ela deve estar muito feliz.

Filha: - Está sim! E eu estava torcendo muito para ser ela a ganhar a medalha. Não queríamos que outra pessoa ganhasse, tinha que ser ela.

Eu: Por que?

Filha: - A Bruna me disse que só se ela ganhasse essa medalha a mãe iria amá-la.

Certamente a mãe da Bruna jamais disse diretamente a ela que ganhasse a medalha e receberia o seu amor, mas essa foi a forma como uma criança de 8 anos percebia o amor dos pais.

Amor não tem relação com a permissividade, porque ela também não é demonstração de amor. A frase famosa - Quem ama cuida - é muito verdadeira. Pais que não impõem limites nos seus filhos também prejudicam a percepção de amor até de uma forma mais severa do que os pais mais controladores.

Desse jeito, falar não para os filhos é algo totalmente compreensível em um lar amoroso. Os pais precisam deixar claro:

- Eu te amo tanto que não posso permitir que tenha esse comportamento destrutivo;

- É por te amar muito que eu não vou compactuar com o fato de você colocar em risco a sua integridade física;

- O meu amor por você é imenso, por isso eu sei que esta decisão é a melhor para a nossa família.

O que é a "virada de chave" no entendimento do amor é que ele não é moeda de troca e toda vez que os pais manipulam o amor, os filhos se sentem desamparados.

- Eu só te amo se...

Você tirar boas notas

Você for um filho obediente

Você não me der trabalho

Você for exatamente o filho que eu idealizei

Essas são algumas frases de amor condicionado que eu escuto dos adolescentes nos atendimentos em coaching parental. Perceba o perigo de condicionar o amor, que é soberano, é puro, é um espaço seguro de convivência. Mesmo que você repreenda o seu filho, perca a cabeça algumas vezes (não somos perfeitos) ou diga não para algo que ele queira muito, se o seu filho sentir o seu amor, isso será superado.

Falando mais especificamente da adolescência, a percepção do amor pode se transformar facilmente. Os filhos adolescentes mudam e, no desespero de se manterem no controle, os pais começam a aumentar as críticas, o autoritarismo e as exigências.

Há também o próprio luto da adolescência. O corpo do filho muda, a voz, o jeito. Os pais passam a não reconhecer mais o filho dentro de casa, é como se de uma hora para outra um estranho fosse morar no quarto do seu filho.

Além disso, existe sempre a expectativa e, como você já aprendeu, ela é contrária do amor. Ao nascer, os pais idealizam os filhos e durante toda a infância vão tentando moldar para que ele saia como o "planejado". Então vem a adolescência e mostra um filho que não é o que você idealizou.

Esse filho que está na sua frente é mais tímido do que deveria, menos inteligente do que você gostaria, usa roupas estranhas, quer pintar o cabelo de cores berrantes. É um filho que além de estranho, se torna inaceitável dentro das expectativas que você construiu no seu mundo externo.

Para o adolescente, que está em pleno processo de descobrir o seu lugar no mundo, a não aceitação dos pais cai como uma bomba:

Meus pais me amavam quando criança. Agora não me amam mais.

Já falamos que a expectativa vem de um amor condicional. Onde há expectativa, há a não aceitação. E onde há a não aceitação, há a destruição da congruência estrutural do amor, que destrói a socialização.

Falando mais claramente: Se o seu filho adolescente não se sentir amado e aceito, você terá problemas de comportamento.

Mas, por que?

Porque o amor é a única emoção capaz de interagir com a racionalização. Ao descartar o amor, o seu filho adolescente passa a navegar desgovernado por um mundo onde ele não está 100% preparado e nem aceito. Ele se torna um carro superpotente dirigindo no limite da velocidade, sem freio.

Lição número 1:

Aconteça o que acontecer, deixe o seu filho saber que o seu amor por ele é inabalável.

Para refletir e entrar e entrar em ação

Meu filho Criança

Seja o Guardião das lembranças do seu filho. Registre a jornada do seu filho para que a família não esqueça de quem ele foi e de quem ele agora é.

Na página abaixo faça um registro do seu filho criança, as características dele, as qualidades, as habilidades do seu filho nessa fase.

Registre o momento mais marcante para você nesse período.

E chegou a adolescência do meu filho...

Registre agora o momento exato em que você percebeu a mudança do seu filho e sentiu que começava a perde-lo para essa fase chamada adolescência.

A grande jornada

Escreva a sua percepção da chegada da adolescência do seu filho: Seus principais medos; Suas angústias; Suas dificuldades; Seus sentimentos até agora nessa fase;

O amor nada mais é do que a descoberta de nós mesmos nos outros, e o prazer deste reconhecimento -
ALEXANDER SMITH

Capítulo 7
O filho idealizado e o filho real

É muito importante me certificar que você entendeu a construção que fizemos até aqui. É como uma faxina, onde vamos tirando tudo o que não serve, tudo o que só vira entulho e acumula sujeira.

Você já refletiu sobre a sua identificação com os heróis/heroínas e com os vilões, sobre os mitos da adolescência e sobre os seus registros da infância e a chegada da adolescência. Agora você está pronto para um exercício impactante (talvez algum vilão apareça, fique atento).

Antes de te falar sobre como cultivar e manter o amor no seu ambiente familiar, é preciso desconstruir esse filho idealizado que

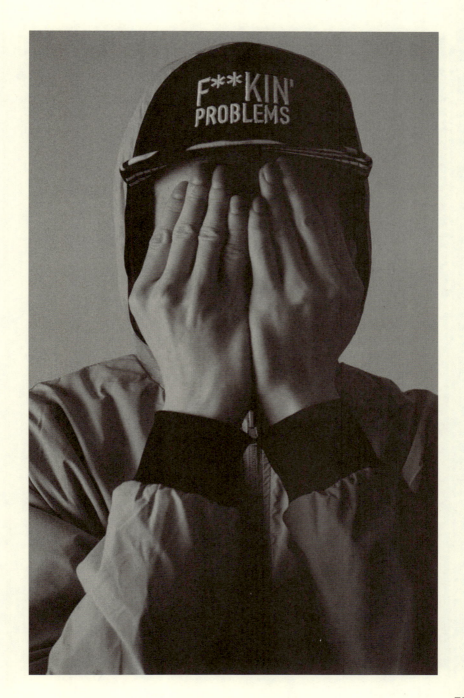

está na sua mente. Sem você perceber, você tem uma idealização para cada fase de vida do seu filho e vai esculpindo esse filho ao longo dos anos. Quando chega a adolescência é como se o trabalho de todos os anos se transformasse na sua obra prima. Alguns pais não se conformam com a escultura do jeito que ela se apresenta e tentam mudar, arrumar, deixar mais bonita.

O próximo exercício é para analisar essa forma que você insiste em moldar o seu filho. Escreva na folha a seguir todas as características de um adolescente que você teria orgulho de ser mãe ou pai.

Abaixo você tem um exemplo do que precisa ser feito, para depois você praticar com os seus próprios exemplos.

O filho que eu idealizei se veste...

...de maneira certa para cada ocasião. Não usa roupas pretas, estilos extravagantes, hippies ou vulgares. Não tem (e nem quer ter) cabelos coloridos, tatuagens ou piercings espalhados pelo corpo.

O filho que eu idealizei age...

... de maneira educada com as pessoas. É calmo, me ouve e respira antes de tomar uma decisão e isso impede que ele tenha reações violentas. A minha filha é calma, amável com o irmão e fala comigo com a voz amável e sempre é muito paciente. Adora me ajudar, é estudiosa e todos elogiam o seu jeito meigo de ser.

O filho que eu idealizei fala...

... coisas sensíveis e relevantes. Adora ler e tem um vocabulário impecável. É seguro com os amigos e não se deixa levar. É geralmente o líder da turma, sempre dá boas ideias e é cercado de pessoas que o amam muito. Gosta de conversar com os mais velhos, é atencioso com professores e com os familiares.

As pessoas falam do meu filho...

... que ele é o filho que todo mundo sonha ter. O quanto é educado, prestativo, o quanto tem o coração de ouro e o quanto eu sou sortuda de ter um filho assim. As pessoas elogiam a minha educação, todos da família falam sobre como eu soube educar e me pedem conselhos.

Para refletir e entrar em ação

Agora é a sua vez. Como é o filho adolescente perfeito para você? Não resista, não sinta vergonha ou culpa. TODOS nós temos um filho idealizado.

O filho que eu idealizei se veste...

O filho que eu idealizei age...

O filho que eu idealizei fala...

As pessoas falam do meu filho...

Repasse abaixo as principais características do seu filho idealizado e depois, na coluna ao lado, escreva como é o seu filho real.

Filho ideal	Filho real

Onde os dois se parecem?

Onde eles são diferentes?

Como você anda condicionando o seu amor em virtude das expectativas que criou sobre o seu filho?

Atenção: A seguir você encontrará uma carta. É importante que leia em um ambiente tranquilo e totalmente presente para o exercício que acabou de fazer.

Carta para o seu filho adolescente

Filho, eu vejo você.
Eu vejo que hoje você se tornou um rapaz ou uma moça. Muitas vezes eu queria que você continuasse uma criança e eu sei que isso te magoa. Mas eu quero que você saiba que é por medo. Medo de não te ter mais do lado, medo de perder algo que é muito precioso para mim, que é você.

Filho, eu te amo e vejo você.
Eu sei que neste momento você está dividido entre duas idades, a da infância e a da vida adulta.
Eu sei que o seu corpo está mudando e isso te assusta. Eu sei que você precisa encontrar o seu lugar no mundo e precisa se sentir aceito pelos seus amigos e pela sociedade.

Filho, você foi crescendo muito rápido e eu não notei. Talvez você sinta que eu não te amo porque, na verdade, eu fui acreditando que a minha presença já não era mais tão importante.
E eu entendi hoje que não é verdade e eu quero me aproximar novamente de você. Quero que você saiba que pode contar comigo.

Filho, eu aceito você e vejo você.
Hoje eu sei que você não vai saber traduzir em palavras tudo o que sente. Mas eu vou aprender a te entender, na medida em que você aprende a se entender.

Filho, eu quero apoiar os seus sonhos e estar ao seu lado. Eu vou errar, não sou perfeita(o).
E por isso e vou ser mais paciente com os seus erros também, você está aprendendo e eu preciso te orientar.

A partir de hoje eu amarei ter um filho adolescente em casa. A partir de hoje eu verei que essa fase é linda e importante para você e para mim.

FILHO EU TE AMO. FILHO EU TE ACEITO. FILHO EU TE VEJO.

Capítulo 8
O resgate do amor entre pais e filhos adolescentes

Alguns pais de adolescentes se sentem encorajados a ler a carta da página anterior para o seu filho adolescente. Esse é um ato de amor que conecta porque é uma bandeira branca levantada para permitir que algo novo seja construído no lugar do que já tinha.

Descobrir que você se comunicava com um filho idealizado é, ao mesmo tempo, desafiador e libertador.

Desafiador porque você terá que assumir que existia um filho ideal na sua mente e em muitos casos, você terá que matar esse filho para deixar nascer o filho verdadeiro.

Libertador porque o resgate do amor só poderá vir do lugar da aceitação do seu filho como ele é. Lembrando sempre que aceitar o seu filho como ele é não significa aceitar todos os comportamentos, mas escolher as batalhas que deseja daqui para frente travar com ele.

Sem o resgate do amor, toda a tentativa de reaproximação e de criação de vínculo nessa fase será em vão. O resgate do amor parte do pressuposto de que ele existe, mas não é sentido por pais ou filhos adolescentes (em alguns casos pelos dois).

E o "não sentir" pode vir desse lugar do filho idealizado que você trabalhou nas páginas acima. Aceitar o seu filho real e reconstruir o vínculo é o primeiro passo para o resgate do amor.

Esse resgate pode ser bem dramático. Se o seu filho está a algum tempo desnutrido do sentimento do amor, pode se mostrar bastante desconfiado com as suas tentativas de reaproximação. Isso porque, de alguma forma, ele acabou se acostumando com a realidade de um lar "sem amor" e tem medo de novamente ser rejeitado, acusado, abandonado, manipulado ou traído pelos pais.

Pode também vir de muita lavagem de "roupa suja", o que significa dizer que o seu filho pode despejar em você palavras duras e acusações a muito tempo guardadas e que você nem poderia imaginar.

Uma coisa é certa: Ele vai te testar. Vai colocar a prova a sua intenção de dar amor incondicional. E se faz isso é porque quer ter a certeza de que a família é (ou voltou a ser) um lugar seguro.

Talvez você esteja pensando que é injusto só você ter todo esse trabalho, enquanto o seu filho adolescente continua agindo da forma como sempre age e não precisará se responsabilizar pela parte dura do processo. Bem, mostrar o funcionamento do cérebro do adolescente foi justamente para conscientizar que o adolescente não está preparado ainda para uma condução neste sentido. Além disso, pais são grandes, filhos são pequenos. O seu filho adolescente não é um adulto e ainda cabe à você o papel de liderar a expedição.

A partir desse momento você colocará o amor em um lugar sagrado. Pode colocá-lo dentro do seu coração, como uma forma simbólica de relembrar de que, aconteça o que acontecer, as suas atitudes jamais terão como moeda de troca o amor. Nos desentendimentos, nas dificuldades, nos desafios familiares, o amor será o fio condutor para a reconexão e jamais de manipulação.

Quero também que você imagine um pote. Se ficar difícil imaginar você pode, inclusive, materializar um pote na sua casa, que vai chamar "o pote do amor". Esse pote enche de manhã e vai esvaziando ao longo do dia e o seu papel como mãe ou pai é cuidar para que ele nunca fique totalmente vazio.

Mas, como encher o pote? Talvez você possa imaginar que já enche o pote de amor do seu filho, no entanto, vai se certificar que está enchendo de um amor que pode ser sentido, ou seja, do amor sob o ponto de vista do seu filho e não do seu. No livro a linguagem do amor para filhos adolescentes, o autor Gary Chapman nos leva a uma viagem incrível sobre como cada adolescente percebe o amor dos pais.

Trarei aqui um breve resumo para contextualizar os tipos de amor e para que você possa começar a catalogar onde e como pode demonstrar melhor o seu amor:

Linguagem N.° 01 - Palavras De Afirmação

Nesse tipo de linguagem o adolescente se sente melhor quando os pais verbalizam os aspectos positivos da sua conduta, ao invés de reforçarem o que eles estão fazendo de errado.

A adolescência é a fase de lidar com a identidade. O jovem está o tempo todo se comparando com amigos, física, intelectual e socialmente, e muitos chegam à conclusão de que não são suficientes. Adolescentes são extremamente inseguros e possuem baixa autoestima e se existe um momento onde eles precisam de palavras de afirmação é nessa fase da vida.

É mais fácil para os pais conduzirem com palavras de afirmação na infância e talvez seja esse o tipo de linguagem que o seu filho se acostumou, no entanto, ao entrar na adolescência os pais simplesmente param de manter o tanque do amor cheio para os filhos, cobrando e apontando erros, mas se esquecendo de inserir as palavras de afirmação.

Queixas dos filhos do tipo: Você só me critica, eu sempre sou o errado, você me coloca para baixo podem dar o sinal de alerta de que a linguagem do seu filho gira pelas palavras de afirmação.

Para filhos cuja linguagem do amor é através de palavras de afirmação, educar com controle excessivo, criticando e desrespeitando o filho é extremamente destrutivo porque causa o efeito inverso ao que os pais buscam: a rebeldia.

Avalie: em uma semana comum, marque quantas palavras positivas você diz ao seu filho. Marque também quantas palavras negativas você diz a ele (inclua cobranças).

Recalcule a rota: faça um cessar fogo de palavras negativas. Converse com o seu filho pedindo ajuda para que durante um certo período a família toda se esforce mutuamente para perceber os pontos positivos.

Reconhecimento: reconhecer é diferente de elogiar. O reconhecimento vem de uma ação, de um ato ou fato específico. O reconhecimento é sincero e precisa de fatos para se amparar, por isso, dizer ao filho o quanto o quarto está arrumado quando na verdade não está, não vai funcionar.

Obrigada por colocar o prato na pia; obrigada por pendurar a toalha; parabéns por ter dado bom dia ao vizinho; obrigada por ter tirado o boné ao se sentar à mesa para almoçar; parabéns por ter ficado 30 minutos lendo ao invés de jogando, são alguns exemplos de reconhecimentos genuínos e específicos.

Um outro aspecto do reconhecimento é: Quando não puder reconhecer o resultado, elogie os esforços. Pode ser que o seu filho não tire a nota que você gostaria, mas se houve um esforço diferente e uma tentativa de melhoria, você precisa reconhecer.

Palavras de afeição: "Eu te Amo" é mágico. Claro que com o adolescente você precisa tomar o cuidado de não falar na frente dos amigos, mas em particular sempre funciona, mesmo que o seu filho solte um: Deixa disso. As mães costumam falar mais vezes para os filhos essas palavras, já os pais demonstram menos. Falar eu te amo enche o pote do seu filho. Para não se tornar monótono, essas 3 palavrinhas mágicas podem ser substituídas por: Me orgulho de você; você é muito especial; Como amo ser seu pai; Como amo ser sua mãe e outras mais.

Palavras em público: elogie em público, repreenda no particular. Para a família, os amigos (seus e dele) procure elogiar o seu filho. A mesma regra do reconhecimento vale para estas situações, ou seja, a especificidade e a honestidade. O que acontece geralmente é que os pais insistem em contar as histórias mais embaraçosas dos adolescentes na frente da família, o que definitivamente não é uma boa saída.

Formas de praticar as palavras de afirmação:
Escrever bilhetes para o seu filho;
Mandar frases do meio do dia sobre algo que você viu e lembrou dele;

Emoldurar algum trabalho que o seu filho tenha feito ou destacar alguma arte em um lugar de destaque na casa;

Fazer um álbum com as principais realizações do seu filho, deixar visível troféus e conquistas;

Comentar positivamente sobre o seu filho para amigos, de preferência quando ele estiver ouvindo;

Reconhecer a boa intenção do seu filho, mesmo nos erros;

Manter sempre na mente coisas das quais você se orgulha dele, para falar sempre;

Fazer o pote da gratidão em casa;

Incentivar as conquistas e traçar metas com o seu filho.

Linguagem N.º 02 – Toque Físico

O toque físico na adolescência pode ser difícil quando demonstrado publicamente (principalmente na frente dos amigos). Talvez você perceba que o abraço apertado já não é tão bem-vindo como antes, mas pode trocar por uma massagem nos ombros, um carinho na cabeça, um segurar carinhoso de mãos.

Adolescentes demonstram sua disponibilidade para receber um carinho através da linguagem corporal. É importante que os pais percebam os momentos certos de respeitar e de se aproximar e os limites dessa aproximação. Tentar abraçar ou tocar fisicamente nos momentos inapropriados só causa mais conflito.

Portanto, se você é uma mãe ou pai acostumado a "apertar" o filho quando era menor, terá que segurar a sua carência e talvez procurar outras pessoas para abraçar incondicionalmente. O toque físico na adolescente não poderá ameaçar a liberdade do adolescente ou o direito à privacidade. Não poderá ser invasivo e sim acolhedor.

Se nos momentos de conflito ou de emoções negativas talvez seja difícil abraçar seu filho, nos momentos alegres pode se tornar mais fácil. Um jogo ganho, uma apresentação, uma conquista...

Se você não está acostumado a dar toque físico, precisará experimentar e perceber em quais momentos o seu filho se aproximará e em quais ele se afastará. Um cafuné é mais eficiente do que um abraço? Um tapinha nas costas é mais confortável do que uma massagem nos pés?

Se o seu filho gosta de contato físico, colocar a mão no ombro enquanto diz palavras de incentivo ou enquanto dá uma orientação importante é bastante eficaz.

Homens podem (e devem) continuar oferecendo o toque físico às filhas e mulheres podem (e devem) continuar oferecendo toque físico aos filhos. Talvez não da mesma maneira que antes, mas se o toque é uma característica da família, continuar com ele na adolescência é primordial para a saúde de todos.

Importante também ressaltar aqui que estamos falando do toque respeitoso, amoroso e dado entre pais e filhos. Este é o que conecta. O toque agressivo, invasivo e o abuso não fazem parte deste contexto.

Formas de praticar o toque físico:

Ande de mãos dadas como seu filho;

Pegue na mão no momento da oração em família;

Dê tapinhas nas costas enquanto parabeniza por alguma conquista ou ação;

Abrace sempre que o seu filho permitir;

Beije a testa na hora de dormir;

Mexa nos cabelos enquanto seu filho assiste um filme deitado no seu colo;

Faça uma massagem nos ombros, se o seu filho gostar;

Brinque de luta ou faça esportes que tenha contato físico;

Ajeite o cobertor do seu filho à noite e dê um beijinho;

Linguagem N.° 03 – Tempo De Qualidade

É artigo raro ultimamente. É talvez a linguagem mais difícil de ser praticada nos tempos modernos porque requer a disponibilidade e o estado de presença.

Aprenda: Adolescentes precisam de atenção exclusiva. Precisam se sentir únicos e ouvidos. Em outras palavras, você precisa fazer o seu filho adolescente se sentir importante naqueles momentos em que estão juntos.

Sair para passear no shopping pode ser apenas mais um programa chato ou pode ser aquele momento em que mãe e filha comem algo especial, assistem a um filme que as duas queiram e comentam o desfecho.

Quando estiver fazendo uma atividade com seu filho, foque nele e não na atividade. Ir a um estádio de futebol pode ser mais um programa ou pode se transformar em uma conexão genuína.

Fazer as unhas junto com a filha pode ser um momento para uma conversa bacana ou apenas o momento onde a mãe dá carona para facilitar.

Mas, como saber se o tempo é de qualidade? Se dispondo a ouvir mais do que falar. Perguntando mais: Como você se sente? E dando menos comandos: faça isso ou aquilo.

Olhe nos olhos.

Não se distraia com outra coisa (celular, televisão).

Pergunte sobre os sentimentos.

Não interrompa.

Busque a linguagem corporal.

Valide o que ele disse (certifique-se de que você compreendeu).

Pergunte se ele quer a sua opinião.

Formas de praticar o tempo de qualidade:

Pare tudo o que estiver fazendo e dê atenção ao que o seu filho diz, especialmente se for importante para ele;

Use os tempos de preparo de lanches, almoços e jantares para se conectar com o seu filho, pedindo ajuda, conversando enquanto ele corta algo para você;

Faça uma sessão pipoca e depois comente o filme;

Conte piadas e anedotas e encontre motivos para rirem juntos;

Encontre uma série que você possa assistir com o seu filho;

Faça viagens e explore os locais com o seu filho;

Vá a um programa que o seu filho queira e demonstre interesse;

Almoce em família e use esse tempo para conversarem sobre o dia de cada um;

Use o trajeto de carro para conversar com o seu filho ou ouvir músicas (mostre as suas preferidas e o deixe escolher também);

Tenham um hobby juntos (patinar, nadar, pintar, tocar, cantar);

Explique sobre o seu trabalho e se possível leve o seu filho até lá;

Compre jogos de tabuleiros, jogue cartas com o seu filho;

Faça a lição de casa com ele;

Faça álbuns de fotos juntos;

Linguagem N.° 04 – Servir

Ter um filho é acumular uma série de novas funções ao longo da vida, que vão desde acordar de madrugada para amamentar, trocar fraldas, ir a hospitais, cuidar de machucados, levar para passear, entre muitos outros.

Na adolescência o ato de servir também continua presente, como lavar e passar uniformes, fazer as refeições, levar e buscar e tantos outros.

Sim, pequenas coisas rotineiras são expressões de amor, desde que espontâneos e feitos de forma leve. Quando se torna uma forma de jogar na cara do filho a lista interminável de coisas que você faz por ele, infelizmente perde o poder.

Certa vez uma adolescente me disse que a mãe a levava para a escola reclamando o caminho inteiro que tinha que acordar cedo para leva-la e o quanto a filha tinha que valorizar isso.

- Eu só dou trabalho para ela – me disse na ocasião.

Neste caso o ato de amor era percebido pela filha como um peso muito grande que a mãe tinha que carregar.

Em um trabalho do dia das mães, que consistia em escrever 05 coisas que eu amo na minha mãe, a minha filha escreveu: O caldo verde que ela faz.

Essa memória afetiva está presente para ela e hoje eu sei que toda vez que eu quiser demonstrar o amor "servindo", tenho um caldo verde como aliado.

Tão importante do que fazer atos de serviço é ensinar o seu filho adolescente a servir. Você pode fazer a refeição e também ensinar os filhos a fazer a sua própria refeição. Você pode cobrir o seu filho adolescente ao dormir e também ensinar ele a cobrir o irmão ao dormir. Atos de caridade também entram nessa lista.

Você pode lavar as roupas e ensiná-lo a lavá-las. Pode levar seu filho na escola e ensiná-lo a começar a ir sozinho.

Atos de servir são excelentes maneiras de mostrar ao filho adolescente que a independência vem com algumas responsabilidades.

A linguagem de amor de alguns adolescentes é o ato de servir. Desta forma, pais que incentivam os filhos nas atividades que eles desejam fazer, não apenas levando e buscando, mas torcendo, perguntando e se interessando pela evolução do filho, criam vínculos emocionais fortes.

Dizer ao filho:hoje eu vou fazer a sua comida preferida; hoje eu passei no mercado e lembrei que você gosta dessa fruta; hoje eu arrumei o seu quarto para que você pudesse ficar tranquilo para estudar para a prova;

São algumas formas de servir e demonstrar amor no ato.

Vamos para a prática: Faça uma lista de todas as tarefas que você faz diariamente pelo seu filho. Pergunte-se em cada uma delas se elas estão comunicando amor ou amargura.

Formas de praticar o Servir:

Prepare as comidas preferidas do seu filho de vez em quando;

Realize uma tarefa doméstica que seria de responsabilidade do seu filho quando ele estiver muito cheio de lição, sentindo-se pressionado ou indisposto;

Envolva-se na comunidade e pratique gestos de caridade. Leve o seu filho junto;

Ajude o seu filho adolescente a se organizar;

Ajude o seu filho com alguma atividade ou habilidade (por exemplo, a decorar uma fala para a peça de teatro; A jogar futebol ou a ensaiar para uma apresentação de jazz);

Conecte o seu filho a pessoas sempre que conhecer alguém com interesses parecidos com os do seu filho;

Linguagem N.º 05 – Presentes

Esse é um assunto polêmico nos dias atuais, onde pais cada vez mais ocupados se comunicam frequentemente com essa linguagem de amor.

Presentes são tangíveis e podem criar um significado importante familiar, quando feito da forma correta. No entanto essa linguagem não surte efeito quando esse presente vira moeda de troca e manipulação: Se você for bem na prova eu te dou o videogame; se você se comportar eu compro o tênis que quer.

Sempre que o presente vem de uma condição: Se... então... Ele está sendo usado da forma errada.

O presente não pode vir como forma de compensar a ausência. Pais que dão presentes demais aos filhos e presença de menos, estão desperdiçando essa linguagem.

Por causa da vida corrida, muitos pais levam os filhos na loja, compram o que eles querem e eles já saem com o objeto nas mãos. A magia do presente acaba se não tem o ritual, que consiste em embrulhar, fazer uma situação especial para o presente ser entregue. Um presente dado de forma especial, em datas específicas e com significado transmite uma forma incrível de amor.

Pergunte-se e escreva: Qual foi o último presente que eu dei ao meu filho de forma verdadeira? Pedi algo em troca do presente? Dei o presente para amenizar a minha falta de tempo?

Formas de dar valor aos presentes:

Presenteie o seu filho com algo que tenha significado para a família, como uma joia que foi da bisavó, uma máquina de escrever que foi do avô, um vestido seu;

Ensine uma receita de família para o seu filho e o intitule o guardião da receita;

Faça uma música, uma poesia, um quadro para o seu filho;

Em datas comemorativas, faça uma viagem especial e que o seu filho queira muito;

Compre presentes para pessoas carentes e vá com o seu filho entregar;

Faça contagem regressiva para presentes especiais, marcando no calendário a data para o seu filho receber;

Esconda pequenos presentes no bolso, mochila e locais onde seu filho poderá encontrar;

Faça um casaco para o seu filho ou algo manual que ele possa se lembrar;

Na falta de dinheiro, construa presentes e use a imaginação para levar o seu filho a lugares inimagináveis;

Conseguir identificar a linguagem do amor do seu filho adolescente pode ser um desafio e tanto. Isso porque os adolescentes estão em construção, com o cérebro ainda em desenvolvimento e os hormônios em ebulição.

Por isso, o convite para esse momento é que você consiga refletir sobre maneiras de descobrir qual o principal estilo do seu filho e de principalmente praticar os tipos de amor com mais consciência, sem as armadilhas da manipulação, do peso e do piloto automático.

Plano de ação para as linguagens do Amor

De 1 a 10, o quanto você está satisfeito com a sua forma de oferecer amor para o seu filho adolescente?

Palavras de afirmação [   ]

Toque Físico [   ]

Tempo de qualidade [   ]

Servir [   ]

Presentes [   ]

Plano de ação
Quais mudanças você precisa promover para que o seu filho consiga sentir mais as linguagens do amor que você transmite para ele?

Capítulo 9
Superando o Caos emocional e familiar

Eu gosto muito de duas perguntas que a comunicação não violenta ensina:

O que está vivo em nós?

O que podemos fazer para tornar a vida mais maravilhosa?

Se pudéssemos entender a simplicidade dessas perguntas, conseguiríamos educar nossos filhos a partir das nossas emoções mais profundas.

Mas, como podemos expressar o que está vivo em nós? Conhecendo as nossas profundezas e as nossas emoções e contribuindo para o bem-estar comum.

Não há nada que nos faça sentir melhor do que saber que estamos proporcionando bem-estar para a nossa família e para os nossos filhos porque isso é servir à vida. Quando melhoramos a nossa vida e a vida dos que amamos, estamos vivenciando o que está vivo em nós e tornando a nossa vida mais maravilhosa.

Mas, se os pais estão verdadeiramente preocupados em promover o bem-estar dos filhos, o que justifica o fato das habilidades emocionais e sociais caírem ano após ano e o índice de ansiedade e depressão só aumentar, atingindo o auge muitas vezes na adolescência?

A resposta é o que vem sendo negado por muitos pais: A forma como fomos educados nos desconecta da nossa natureza compassiva e amorosa.

Fomos educados para acreditar que o ser humano é malvado e egoísta e aprendemos a exercer julgamentos moralizadores, a medida em que emoções genuínas foram durante muito tempo recriminadas e tolhidas. Ficamos muito tempo negligenciando as emoções e a considerando perigosa, o que nos desconectou da nossa resposta genuína para: O que está vivo em nós?

Nós, pais, corremos atrás de uma educação de qualidade, de aumentar a inteligência dos nossos filhos, de suprir as necessidades e evitar que se frustrem, mas não nos atentamos que o começo de todo processo é ensinar os filhos a manter acesso o que os deixa vivos e vibrantes para a vida, muitas vezes porque não fomos ensinados a olhar para as nossos próprias emoções.

Os pais são os primeiros treinadores dos filhos e os responsáveis por orientá-los no caminho do equilíbrio emocional e esse papel de ajudar os filhos a ter preparo emocional torna-se fator primordial para o desenvolvimento de adultos felizes.

Filhos emocionalmente inteligentes são fisicamente mais saudáveis e apresentam melhor desempenho acadêmico, que conhecem e lidam bem com os próprios sentimentos e são empáticos com os sentimentos dos outros levam vantagem em qualquer campo da vida, seja nos relacionamentos familiares, seja vivendo em sociedade.

Por onde começar?

Compreendendo que todo ser humano é um entrelaçamento do emocional com o racional, ainda que que você tenha sido ensinado a desconsiderar as emoções e supervalorizar a razão. Embora a razão nos permita argumentar e estruturar pensamentos através das palavras, ela apenas expressa o sentimento.

Em muitos casos, nos iludimos pensando que decisões devem ser racionais, quando o correto seria aceitarmos que todo sistema racional tem, obrigatoriamente, um fundamento emocional.

Pensamos, sentimos e agimos conforme os nossos sentimentos. Quando estamos com raiva, por exemplo, tomamos uma determinada ação. Esta ação será diferente da que tomaríamos se estivéssemos tranquilos e equilibrados. Isso não significa necessariamente que a segunda ação seja a mais acertada, apenas que tomamos decisões fundamentadas em emoções.

É nesse contexto emocional que eu fico emocionada em te dizer que se você se especializar em observar as ações do seu filho, conhecerá as emoções que fundamentam as suas ações e, desta forma, conseguirá chegar ao espaço de existência efetiva em que esse ser humano (seu filho) se move e, neste momento, poderá ajudá-lo.

Felizmente eu aprendi desde cedo que educar minha filha emocionalmente era o maior e melhor presente que eu poderia dar para ela. Vou explicar com uma situação que aconteceu, para exemplificar melhor:

Minha filha, de 10 anos, me disse que não havia assistido a um filme indicado como lição de casa e que, portanto, não levaria a lição feita. Quando eu a questionei sobre o motivo, ela me respondeu: - Não tive tempo de assistir.

Ela estava tentando se comunicar comigo racionalmente, dizendo o que o sistema dela se preparou como argumento lógico. Como todo comportamento vem de fundo emocional, comecei um diálogo para tentar entender qual o fundamento daquela ação, que foi a de não fazer a lição:
- Filha, hoje você ficou uma parte boa da tarde assistindo uma série, correto? (tom de voz calmo, sem acusação, só relatando um fato)
- Eu sei mãe (pausa), mas eu não sabia como achar o filme
- Entendo. Como é que fazemos quando precisamos de ajuda? Você já precisou da minha ajuda algumas outras vezes para imprimir as figuras e conseguiu finalizar a lição, não é mesmo? (tom de voz ainda calmo, sem acusação, só relatando um fato)
- É, eu sei, eu sempre falo com você e você me ajuda. Mas você e o papai estão tão ocupados ultimamente!
E o que você quer me dizer com isso? Isso é um pedido, uma reclamação?
- É que eu não gosto de assistir filmes sozinha. E você e o papai não tem mais tempo de assistir filmes comigo (chorando).
- Então você teve tempo para assistir, certo?
Minha filha balançou afirmativamente a cabeça
Mas não assistiu porque esse tipo de atividade é algo que você gostaria de ter feito conosco, mas não te demos espaço para que isso acontecesse?
- Sim mãe.
- Eu realmente não tive muito tempo nessas últimas semanas. Não sabia que você estava sentindo tanto assim, obrigada por ter me contado como se sentia. Posso me contar como me sinto? Fico feliz por você confiar falar do que sente e quero que saiba que não é preciso dar desculpas erradas, tá bom? Eu fico preocupada de você não ter feito a lição e incomodada quando vem bilhete, então, quando acontecer de novo, pode vir até mim e me comunicar que precisa fazer algo e que gostaria que eu participasse? Às vezes eu acabo me perdendo e você me ajudaria muito.
- Tá bom! mãe, eu te lembro (sorrindo, me abraçando e dizendo que me ama).
Esse é um diálogo emocional. Se eu me conectasse racionalmente com a minha filha, o diálogo seria totalmente outro. Eu poderia ter dito a ela que era mentira não ter tido tempo, que ela ficou o dia todo assistindo TV e que simplesmente poderia ter assistido

ao filme e feito a lição, já que esta era a sua obrigação. Talvez ela nunca teria tido a oportunidade de me dizer como se sentia sobre a minha falta de tempo.

Embora não tenha sido confortável ouvir dela uma reclamação do tipo: - Ei, me dá atenção, você está trabalhando demais! É extremamente prazeroso conseguir me conectar com a minha filha nas emoções, uma emoção quase que indescritível de vínculo e de conexão.

Eu sei que muitas vezes fica parecendo distante esse entendimento. Mas sabe aquela nossa intuição? Ela funciona! Só que precisamos ter a coragem de olhar para as nossas emoções.

A consciência emocional é um veículo fundamental para a mudança, por isso eu te pergunto: Você se permite sentir? Demonstrar o que sente? Você sabe identificar as próprias emoções?

Muitos adultos justificam determinada atitudes com os filhos racionalmente: - Eu apanhei quando era criança e sou um adulto responsável; - Minha mãe brigada comigo e eu não cresci traumatizado!

Será?

Geralmente quando trabalho com os pais dos adolescentes a maior parte do tempo eu fico aqui, na descoberta das emoções. Já trabalhei uma mãe que simplesmente não conseguia perceber nenhum sentimento e outras que sentiam demais, sem saber exatamente o que era tudo o que sentia.

Por causa da nossa inabilidade de lidar com as emoções, estamos tratando esse tema com muito medo:

- Escondendo o que sentimos (até de nós mesmos)
- Limitando as emoções a um vocabulário de 2, 3 palavras: Feliz, triste e ansioso.
- Não deixando os filhos sentirem, e isso inclui evitar a todo custo que ele se frustre na vida.
- Explodindo quando as coisas fogem do controle.

Hoje, eu faço o convite sincero para que você se atreva a se preparar para ser o educador emocional do seu filho. São bons preparadores emocionais os pais que entendem as manifestações emocionais dos filhos, aceitam as emoções negativas e aproveitam o momento de exaltação emocional para construir um relacionamento íntimo com eles.

Nosso sistema de significado

Para entender as emoções é necessário aprender que qualquer emoção é originária de um pensamento e este pensamento acontece através do significado que você se acostumou a dar para as coisas (lembra do mito da caverna de Platão?).

Cada pessoa vive e reage de acordo com os nomes e significados que dão aos eventos que acontecem e eles podem ser positivos, chamados de crenças impulsionadoras, ou negativos, chamados de crenças limitantes.

Os mitos sobre a adolescência são exemplos reais de significados negativos através de distorções podem levar os pais a conclusões negativas equivocadas.

Vamos a um exemplo prático:

Evento	Significado	Emoções
Mãe chama atenção	Filho dá o significado: Raiva	Frustração
Do filho por ele não ter feito a lição.	Ela sempre briga comigo	Eu nunca faço nada certo

É possível que se o amor não é sentido no seu ambiente familiar, você tenha problemas de comunicação. Esses conflitos sempre são originários do significado que cada parte dá para o que acontece. O exemplo acima é real, vindo de um caso que eu atendi no coaching parental.

A mãe me procurou por estar em constante conflito com o filho. Identificamos que nessa família o amor era percebido raramente e em situações específicas e a mãe se esforçava para colocar um "pouco de juízo" na cabeça do filho da forma como ela podia: brigando, tirando coisas que ele gostava e apontando as falhas.

O filho adolescente atribuiu um significado para cada discurso da mãe. O mais nocivo para a relação dos dois foi: - Eu nunca faço nada certo. Esse significado fazia o filho oscilar, dependendo da forma como a mãe verbalizava a sua exigência, entre raiva e frustração. Quando o filho sentia raiva, as brigas eram intensas e ele alterava o tom de voz. Quando sentia frustração, voltava-se contra si mesmo, aumentando a crença de que não faz nada certo e nunca conseguiria fazer.

O sistema de pensamento/sentimento desse filho estava sendo gerado por significados negativos.

O primeiro passo do processo de coaching parental com essa família foi exatamente trabalhar as formas de dar/receber e perceber o amor. Foi também trabalhar o filho real X idealizado.

Pequenas mudanças foram feitas na rotina para aumentar a percepção do amor dado/recebido e a mãe começou a apontar aspectos positivos do filho e a escolher melhor as batalhas. No começo o filho testou de todas as formas possíveis o amor dessa mãe, não correspondendo aos estímulos, até que o seu sistema de significado foi mudando e ele foi substituindo por um significado positivo, de que a mãe o amava e de que ele poderia mudar. O exemplo acima trás a lição valiosa: Se quer mudar um comportamento, identifique o significado e a emoção.

Para que você consiga identificar o significado que o seu filho dá para as coisas, fique atento a frases do tipo:
- Você nunca me encoraja
- Para você, eu sempre faço as coisas erradas
- Ninguém confia em mim nessa casa
- Você sempre acha que eu não sou capaz

Claro que para se tornar capaz de identificar essa relação, você precisa treinar os seus próprios filtros de significado.

Sim, vivemos julgando

Todo evento é neutro:
- Meu filho não lavou o prato depois de comer.

Essa é uma observação neutra, sem julgamentos.
- Meu filho é um folgado, sempre deixa o prato sem lavar.
- Meu filho é desleixado, não tira nem o próprio prato da mesa.

As observações acima estão repletas de julgamento.

O fato é que os nossos pensamentos estão cheios de julgamentos, originários do sistema de significado que atribuímos ao que acontece.

Ao aprender fazer observações sem julgamento, os pais de adolescentes conseguirão gerar outros tipos de sentimentos e consequentemente, outra ação, muito mais verdadeira e conectada com o que desejam passar para os filhos.

A seguir você encontra uma tabela com exemplos de observação com e sem julgamentos:

Comunicação	Observação com julgamento	Observação sem julgamento
Usar o Verbo Ser	Você é preguiçoso	Você dormiu até o meio-dia hoje.
Usar verbos como avaliação	Você vive deixando as coisas para depois	Na prova passada e nesta prova você deixou para estudar toda a matéria na véspera.
Confundir previsão com certeza	Se você não começar a tirar boas notas o seu futuro estará arruinado	Neste trimestre você ficou de recuperação em 4 matérias.
Não ser específico	Os adolescentes são instáveis	Você está gritando neste momento ao falar comigo.
Rotular as habilidades conforme sua avaliação	Você está péssimo na escola.	Suas notas em matemática e português foram abaixo da média.
Usar adjetivos e advérbios	Essa sua roupa é feia. Esse seu cabelo é horroroso. Você está ridícula com essa roupa.	A sua calça está rasgada. Você pintou o seu cabelo de rosa.
Generalizar	Você nunca faz o que eu peço	Nas últimas duas semanas eu pedi para tirar o seu prato da mesa e você não fez.

Para promover uma mudança genuína no relacionamento com o seu filho adolescente, é preciso se livrar de todo padrão que te leva a julgamentos, como os mencionados acima.

Certa vez, atendendo um pai que se queixava do filho adolescente, perguntei:
- O que ele fez?
- Ele é um irresponsável.
- Isso é um julgamento. Eu te perguntei o que ele fez e não o que ele é.
- Ele pensa que toda a família tem que girar pelos interesses dele
- Isso também é um julgamento, a sua avaliação do que você acredita que ele pensa. Eu gostaria que você me dissesse o que ele fez, o fato concreto, sem julgamento.
- Meu Deus, como é difícil isso!
Depois de algum tempo pensando, o pai conseguiu me dar 03 fatos:
- Eu o acordo pela manhã e ele demora para se arrumar e acabamos nos atrasando.
- Ele passa muito tempo no computador, em jogos eletrônicos.
- Não arruma o próprio quarto e quando fica na sala, deixa coisas espalhadas.
- Como você comunica ao seu filho o que ele faz, da forma de julgamento ou com os fatos?
- Com julgamentos, na maioria das vezes.

Qualquer tipo de frase impregnada de julgamento está condenado ao fracasso porque não leva o adolescente a ter prazer em contribuir para o bem-estar familiar, apenas o coloca na posição de defesa ou ataque.

Uma das coisas mais significativas que este livro vai fazer por você é aumentar a sua capacidade de expressar corretamente o que está vivo em você e de enxergar o que está vivo no seu filho adolescente. Ficar repreendendo o comportamento do seu filho ou usar frases cheias de julgamento não vai fazê-lo mudar.

As nossas emoções

Temos sentimentos a todo momento, eles fazem parte de nós, embora tenham nos ensinado a desconsiderá-lo na maioria das situações. Partindo do entendimento que as emoções são originárias dos seus pensamentos e responsáveis pelas nossas ações, identificá-las é passo importante para a construção de um filtro saudável.

O ser humano expressa as emoções através das palavras e o nosso vocabulário é riquíssimo, no entanto, pouco utilizado. Não expressar em palavras a intensidade das emoções faz com que você e o seu filho se expresse de uma maneira muito ineficiente. Abaixo você tem uma listagem de emoções.

Marque as palavras que estão no seu vocabulário no dia a dia, ou seja, não as que você conhece, mas as que você utiliza para dizer como se sente.

À vontade	Extasiado
Absorto	Exuberante
Agradecido	Exultante
Alegre	Falante
Alerta	Fascinado
Aliviado	Feliz
Amistoso	Glorioso
Amoroso	Gratificado
Animado	Orgulhoso
Atônito	Otimista
Ávido	Ousado
Bem-humorado	Pacífico
Calmo	Plácido
Carinhoso	Pleno
Complacente	Radiante
Compreensivo	Relaxado
Concentrado	Resplandecente
Confiante	Revigorado
Confiável	Satisfeito
Consciente	Seguro
Contente	Sensível
Criativo	Sereno
Curioso	Surpreso
Despreocupado	Grato
Emocionado	Inspirado
Empolgado	Interessado
Encantado	Livre
Encorajado	Maravilhado
Engraçado	Maravilhoso
Entretido	Motivado
Entusiasmado	Terno
Envolvido	Tocado
Equilibrado	Tranquilo
Esperançoso	Útil
Esplêndido	Vigoroso
Estimulado	Vivo
Excitado	

Se a sua cartela de emoções está reduzida a meia dúzia de palavras, que tal o desafio de perceber outras formas de se expressar?

Aprender a expressar os seus sentimentos é passo essencial para melhorar a relação com o seu filho adolescente, no entanto, é preciso tomar o cuidado de não usar sentimentos para insinuar que o comportamento do outro são a causa deles. A causa dos nossos sentimentos são as nossas necessidades e não exatamente o comportamento do outro.

É bem comum eu ouvir pais falando para os seus filhos adolescentes:
- Se você não arrumar o seu quarto eu vou ficar furiosa!
- Eu fico triste quando você grita comigo.

Esse é um tipo de comunicação que tem como único objetivo fazer o outro se sentir mal e se responsabilizar pelo o que você sente.

As nossas necessidades

Então, se não é eficiente expressar a partir do que a pessoa fez, como comunicar o sentimento? A partir das suas necessidades.

O ser humano dirige o seu comportamento para ir ao encontro das necessidades que sente estarem em falta. Essas necessidades surgem dentro de um contexto, na medida em que a relação dos pais ou do adolescente com o ambiente as proporcionam.

O ser humano possui necessidades que são básicas e precisam ser satisfeitas pelo ambiente familiar, ditas como necessidades básicas. À medida que essas necessidades são satisfeitas, outras necessidades surgem no lugar, ou seja, um adolescente que tem as suas necessidades básicas atendidas vai voltar a sua atenção para as necessidades psicológicas, e assim por diante.

Todos os tópicos que trabalhamos acima colaboraram para a satisfação principalmente das necessidades psicológicas, de modo que os pais possam proporcionar aos filhos adolescentes o impulso de que precisam para seguir para o alto da pirâmide: a necessidade de autorrealização.

Necessidades básicas: Promover um ambiente seguro para o sistema familiar é a primeira missão de pais e cuidadores. Reprodução, nutrição adequada (comida e água), vestuário, moradia, segurança física, transporte, segurança econômica, cuidados com a saúde, educação.

Necessidades psicológicas: A família também exerce uma função ideológica de criar uma estrutura capaz de educar os filhos dentro dos princípios, valores e propósitos familiares comuns, ao mesmo tempo que se insere no sistema da comunidade e contribui para um projeto global.

As necessidades psicológicas mais latentes são:
1) Necessidade de autonomia: ter o controle da vida e fazer o que está de acordo com o que acredita;
2) Necessidade de competência: aprender a lidar com o meio que o cerca;
3) Necessidade de relacionamento: conseguir se conectar com as pessoas e se sentir pertencendo.

Necessidade de autorrealização: A cada dia que passa, mais pessoas expressam a necessidade de um propósito de vida. A sociedade moderna caminha para uma geração movida a significado e propósito, no entanto, esquece de um fator primordial: a autorrealização está hierarquicamente depois das necessidades psicológicas.

Passando pelas necessidades básicas, temos uma lista de necessidades que, como seres humanos e quando elas não são atendidas, um sentimento sempre emerge.

Lista de necessidades:
Autonomia
- escolher seus próprios sonhos, objetivos e valores
- escolher seu próprio plano para realizar esses sonhos, objetivos e valores

Celebração
- celebrar a criação da vida e os sonhos realizados.
- elaborar as perdas: entes queridos, sonhos etc. (luto).

Integridade
- autenticidade
- autovalorização
- criatividade
- significado

Interdependência
- aceitação
- amor
- apoio
- apreciação
- calor humano
- compreensão
- comunhão
- consideração
- segurança
- contribuição para o enriquecimento da vida (exercitar o poder de cada um, doando aquilo que contribui para a vida)
- empatia
- encorajamento
- honestidade (a honestidade que nos fortalece, capacitando-nos a aprender com nossas limitações)
- proximidade
- respeito

Lazer
- diversão
- riso

Comunhão espiritual
- beleza
- harmonia
- inspiração
- ordem
- paz

Necessidades físicas
- abrigo
- água
- alimento
- ar
- descanso
- expressão sexual

Voltando ao exemplo do pai que se queixava que o filho adolescente era irresponsável, ao analisar o fato - Eu o acordo pela manhã e ele demora para se arrumar e acabamos nos atrasando – perguntei:
- Qual a sua necessidade que o seu filho não atende agindo assim?
- Ele precisa ser responsável com horários.
- Isso é julgamento. Eu perguntei sobre as suas necessidades.
- Minha nossa senhora (respirando fundo). Bem, eu preciso chegar cedo no trabalho e ele não colabora.
Eu entreguei a esse pai a lista de necessidades (acima) para faci-

litar o processo de identificação e nomeação das próprias necessidades e então ele compreendeu.
- A minha necessidade é de consideração! Sinto que ele não tem consideração com o fato de eu ter responsabilidades fora que vão além de levá-lo na escola.
Abaixo segue o resumo com os 03 elementos que te ajudarão a dizer ao seu filho adolescente o que está vivo dentro de você são:
Conseguir expressar o que você observa (sem julgamentos)
Identificar o que você está sentindo
Identificar qual necessidade se conecta com o seu sentir.
Como é provável que você se sinta quando suas necessidades não estão sendo atendidas:

abandonado	ciumento
abatido	confuso
aflito	consternado
agitado	culpado
alvoroçado	deprimido
amargo	desamparado
amargurado	desanimado
amedrontado	desapontado
angustiado	desatento
ansioso	desconfiado
apático	desconfortável
apavorado	descontente
apreensivo	desesperado
arrependido	desencorajado
assustado	desiludido
aterrorizado	desolado
atormentado	despreocupado
austero	encabulado
bravo	encrencado
cansado	enojado
carregado	entediado
cético	envergonhado
chateado	exagerado
chato	exaltado
chocado	exasperado

exausto
fraco
frustrado
fulo
furioso
hesitante
horrorizado
hostil
impaciente
impassível
incomodado
indiferente
infeliz
inquieto
inseguro
insensível
instável
irado
irritado
irritante
irritável
letárgico
magoado
mal-humorado
malvado
melancólico
monótono

mortificado
nervoso
obcecado
oprimido
perplexo
perturbado
pesaroso
pessimista
péssimo
preguiçoso
preocupado
rancoroso
receoso
rejeitado
relutante
ressentido
segregado
sem graça
sensível
solitário
sonolento
soturno
surpreso
taciturno
temeroso
tenso
triste

Como é provável que você se sinta quando suas necessidades estão sendo atendidas:

À vontade
Absorto
Agradecido
Alegre
Alerta
Aliviado

Amistoso
Amoroso
Animado
Atônito
Ávido
Bem-humorado

- Calmo
- Carinhoso
- Complacente
- Compreensivo
- Concentrado
- Confiante
- Confiável
- Consciente
- Contente
- Criativo
- Curioso
- Despreocupado
- Emocionado
- Empolgado
- Encantado
- Encorajado
- Engraçado
- Entretido
- Entusiasmado
- Envolvido
- Equilibrado
- Esperançoso
- Esplêndido
- Estimulado
- Excitado
- Extasiado
- Exuberante
- Exultante
- Falante
- Fascinado
- Feliz
- Glorioso
- Gratificado
- Orgulhoso
- Otimista
- Ousado
- Pacífico
- Plácido
- Pleno
- Radiante
- Relaxado
- Resplandecente
- Revigorado
- Satisfeito
- Seguro
- Sensível
- Sereno
- Surpreso
- Grato
- Inspirado
- Interessado
- Livre
- Maravilhado
- Maravilhoso
- Motivado
- Terno
- Tocado
- Tranquilo
- Útil
- Vigoroso
- Vivo

Para refletir e entrar em ação

Faça uma lista de fatos que geram conflitos na sua família. A partir desses fatos, identifique a emoção e a necessidade

Fato   Emoção   Necessidade

Fato   Emoção   Necessidade

Somos perigosos quando não estamos conscientes da nossa responsabilidade pelo modo como nos comportamos, pensamos e sentimos
– Marshall B. Rosenberg

Capítulo 10
Isso é verdade?

Uma outra forma de perceber o quanto é nocivo praticar o julgamento é pensar em quanto esse padrão contribui (positivamente ou negativamente) para o seu relacionamento com o seu filho adolescente.

Certa vez eu atendi uma mãe que se queixava do filho mais velho: - Ele é muito desrespeitoso com a irmã, dizia ela.

Dentro do sistema de significado, a mãe atribuiu um julgamento negativo que estava prejudicando o relacionamento com o filho (desrespeitoso). Identificamos então qual sentimento ela tinha toda vez que pensava que o filho era desrespeitoso e quais ações ela tomada a partir desse lugar:

Expliquei à essa mãe o quanto pensamentos são sequenciais. A cada pensamento negativo, novos outros pensamentos vêm em igual proporção, desencadeando um estado emocional cada vez mais alterado para quem não tem consciência das suas emoções e necessidades.

Não é difícil deduzir que nem a mãe e não o filho estavam conseguindo se comunicar a partir dessa forma de pensar/sentir/agir.

Talvez o que seja mais difícil para os pais neste momento é tirar da cabeça o pensamento com julgamento. Alguns pais não conseguem "virar a chave" apenas com o exercício anterior e costumam me dizer: - Eu entendi a minha necessidade e o meu sentimento, mas eu continuo achando o meu filho desrespeitoso.

Se este é o seu caso, proponho um exercício de questionar a sua própria convicção, como nos dois exemplos abaixo.

Exemplo 01: Meu filho é desrespeitoso com a irmã.
Isso é verdade? Sim.

- Você pode afirmar que ele é 100% desrespeitoso, todos os dias, em qualquer momento?

93

- Não, ele é desrespeitoso na maioria das vezes, mas não sempre.
- Existe algum momento que ele não age dessa maneira?
- Sim. Ele brinca com ela também, mas às vezes ele acaba se irritando.
- Eu preciso que você saia da generalização: Meu filho é desrespeitoso. Toda vez que você pensa assim, as suas ações não são produtivas porque o seu pensamento induz você a acreditar que 100% das vezes ele é essa pessoa desrespeitosa, o que já vimos não ser verdade, concorda?
- Sim, tem vezes em que ele não é.
- Então refaça a frase, desta vez tentando não julgar e não generalizar.
- Meu filho grita com a irmã algumas vezes. Ele também a empurra quando ela mexe no videogame e me diz em momentos de raiva que ela é uma criança insuportável.
- Muito bem. Ficou bem melhor. Como você se sente com essas atitudes do seu filho?
- Magoada e algumas vezes furiosa.
- Como você age? Às vezes grito com ele, às vezes tiro o vídeo game.
- Gritar é respeitoso?
- Bom, não, mas ele me tira do sério!
- Por que você acredita que o seu filho tem agido dessa maneira?
- Não sei... Talvez seja porque ele tenha ciúmes dela. Mas ele já é um rapaz e ela é uma criança ainda.
- Ter ciúmes é um julgamento seu ou ele já te disse que sente ciúmes?
- Bem, não me disse exatamente assim, com essas palavras.
- Qual necessidade você acredita que o seu filho tem e que não está sendo atendida?
- Oh meu Deus, acho que é de apoio. Ele diz que eu não o apoio!
- E qual necessidade você tem que não está sendo atendida?
- De comunhão. Eu gosto de ver a família unida.

A conversa seguiu com alguns planos efetivos de ação para que a mãe pudesse suprir a necessidade do filho, oferendo apoio. A mãe também entendeu que não era respeitosa com o filho 100% do tempo e nem consigo mesma. Esses aprendizados fizeram a família mudar drasticamente, para melhor.

Exemplo 02: Minha filha não se dedica aos estudos.
Isso é verdade? Sim.
- Eu posso afirmar que ela não se dedica aos estudos 100% do tempo?
- Bem, não. Algumas vezes ela senta para estudar, mas aí se irrita porque não entende a matéria. Ela gosta de história, mas odeia matemática.
- Existe algum momento em que ela se dedica aos estudos? Ou algo que goste?
- Sim, quando ela tem que pesquisar sobre as coisas dela, tipo maquiagem, história mesmo e ciências.
-Por que você acredita que a sua filha tem agido dessa maneira?
- Não sei... Talvez porque ela não seja organizada nos estudos.
- Não ser organizada nos estudos é um julgamento e neste momento eu precisaremos tirar todo e qualquer julgamento. Já percebemos que a sua filha se dedica a alguns estudos e outros não. Refaça então a frase colocando apenas a observação.
- Minha filha tirou notas baixas em Matemática, física e química. Ela estuda as matérias, mas se irrita e acaba não terminando. Ela me diz: - Não vou aprender mesmo, então sai da mesa.

- Qual a necessidade da sua filha que não está sendo atendida quando ela diz - Não vou aprender mesmo?

- Humm (olhando durante um bom tempo para a lista de necessidade), acho que é de autovalorização. Ela não está se sentindo capaz.

- Você tem cuidado para aumentar a autovalorização da sua filha ao invés de só se concentrar nas notas?

- Bem, não. Acho que eu só pioro a situação dizendo que ela não se dedica.

Essa mãe aprendeu coisas valiosas sobre a filha quando conseguiu se conectar com a real necessidade dela. Mudou o olhar e perguntou para a filha onde ela precisava de ajuda. Como a própria mãe também não era boa nessas matérias, decidiram conversar na escola.

Sair das generalizações (sempre, nunca) e criar novas perspectivas te ajudará a olhar para a questão com um outro significado. E lembre-se sempre: Mudando o significado, muda-se a emoção.

Para o primeiro exemplo, eu trabalhei com essa mãe algumas possibilidades para o comportamento do filho, mostradas no desenho a seguir:

A mãe entendeu que comportamento era apenas uma forma do filho de expressar um significado que ele deu às coisas e, ao entrar no mundo do filho, ela foi capaz de se relacionar com ele.

Para ajudá-la a entender tudo o que aprendemos acima, eu também propus visualizar a questão da seguinte maneira:

O comportamento do filho são os frutos. Os frutos são mais ou menos doces, mais ou menos vistosos dependendo das condições em que foram cultivados.

Geralmente, os pais se comunicam com os filhos a partir do fruto, do comportamento, desconsiderando a raiz do problema.

Fruto: Meu filho é desrespeitoso com a irmã
Sentimento: Mágoa e Raiva
Comportamento: Brigas, discussões, desprezo

Ao identificarmos a raiz do problema, veja como o sentimento e comportamento mudam:

Raiz do problema: Eu não tenho dado muita atenção para ele. Ele tem necessidade de apoio e eu preciso apoiá-lo mais.
Sentimento: Compaixão
Comportamento: Mudança de atitude para passar mais tempo com o filho.

Ao fazer o exercício, eu também oriento os pais a validarem as necessidades com o filho. Será que ele realmente necessita de apoio? Será que a necessidade da filha era de autovalorização?

Pode ser que o exercício surta efeito logo na primeira tentativa ou pode ser que os pais precisem refazê-lo tentando descobrir a real necessidade.

Da mesma forma, ao fazer o exercício os pais se conscientizam de que o que o filho fala a seu respeito também é impregnado de julgamento e conseguem se livrar da culpa e da mágoa mais facilmente ao se concentrarem em entender a necessidade por trás daqueles ataques.

Para resolver os problemas de relacionamento com o seu filho, saia desse jogo de gato e rato, de acusações e julgamentos. E o primeiro passo você deu.

Para refletir e entrar em ação

Escreva uma lista de questões que te incomodam com o filho e que muitas vezes são expressadas com julgamentos.

Responda às seguintes perguntas para cada uma delas:

Isso é verdade?

Eu posso afirmar com 100% de certeza que todas as vezes o meu filho age assim?

Existe algum momento em que ele não age desta maneira? Qual é?

Refaça a frase tirando todo e qualquer julgamento:

Qual necessidade do seu filho que não está sendo atendida?

Que tipo de mudanças ou ajuda você pode dar ao seu filho?

Capítulo 11
Construindo Relacionamentos

Um dos maiores erros dos pais de adolescentes, é se concentrar a maior parte do tempo no que o filho não faz certo. Prova disso é que os meus diálogos com os adolescentes durante os atendimentos em coaching parental costumam ser mais ou menos assim:

- Escreva o que você faz bem neste papel;

- Eu não faço muita coisa bem;

- Sim, você provavelmente faz, talvez não tenha observado. Vamos lá, o que a sua mãe, o seu pai, diz que você faz bem?

- Ah, tá de brincadeira né? Meus pais só me criticam.

É assustador como nós, pais, orientamos nossa atenção para o problema, quando deveríamos gerenciar conflitos e adquirir mais habilidades de diálogo. Ao mesmo tempo, não fomos preparados para fazer diferente.

O que é, na verdade, gerenciar conflitos?

Gerenciar significa organizar, planejar e executar atividades que facilitem o processo. Nas famílias, gerenciar é criar uma dinâmica familiar que facilite o diálogo, o amor e a aceitação do outro. É planejar quais bases familiares irão sustentar o ambiente familiar, como valores a serem vivenciados, propósito e planos comuns da família e o senso de contribuição e pertencimento.

Eu sempre me emociono vendo pais se reconectarem com os seus filhos nos processos de coaching parental, pelo simples fato de reestruturarem os pilares da vida familiar. Gerir conflitos é preparar o terreno para que a família saiba lidar com as adversidades que acontecem.

Como gerir conflitos?

Construindo uma atmosfera de positividade familiar durante tempos não conflitantes, reduzindo a negatividade e aumentando a positividade e criar um senso compartilhado de significado. Quando esses objetivos são trabalhados, os relacionamentos melhoram – tanto aqueles que estão em conflito quanto os emocionalmente desativados.

Marcial Losada, um psicólogo social e organizacional brasileiro, criou a chamada "razão losada" que é a soma da positividade em um sistema dividida pela soma de sua negatividade.

Traduzindo melhor, é o quanto conseguimos gerar de emoção positiva ou negativa no outro. Uma razão de 3.0:1 (três emoções positivas para uma negativa) a 6.0:1 (seis emoções positivas para uma negativa) se correlaciona com alto desempenho e alta saúde mental e social. Ou seja, precisamos de pelo menos três emoções positivas para cada emoção negativa para que tenhamos positividade em nosso dia a dia.

Nas relações familiares essa razão é ainda maior: a razão ideal é de 5:1 (cinco emoções positivas para uma negativa). Quando a razão é de 2.9:1, o relacionamento possui conflitos e uma razão de 1:3 (uma afirmação positiva para 3 negativas) é um verdadeiro desastre.

Vamos imaginar algo mais concreto. Você provavelmente tem conta em algum banco. Esporadicamente deposita quantias nesse banco, o que faz com que a sua conta fique positiva. A vida familiar também pode ser vista como um banco, onde a moeda são as emoções positiva. Quanto mais atitudes que se transformam em emoções positivas, mais as famílias desenvolvem a sobreposição de sentimentos positivos (positive sentiment override, ou PSO).

No seu banco real, para pagar as contas do mês você precisa fazer saques de dinheiro e o seu saldo positivo diminui. No banco da família também existem saques emocionais negativos, já que nem sempre os pais agradarão os filhos.

Todos nós sabemos que sacar mais do que depositar faz o saldo ficar negativo e isso é algo que queremos evitar. E aqui está o perigo da forma de se relacionar entre pais e filhos adolescentes, onde a negatividade se sobressai sobre a positividade criando a sobreposição de sentimentos negativos (negative sentiment override, ou NSO).

Quando o saldo emocional está positivo, mesmo quando os pais se descontrolam o filho pensa: "Deixa para lá, é só uma irritação passageira".

Quando o saldo emocional está negativo, até as situações corriqueiras causam conflitos, do tipo "Você faz isso só para me irritar!".

Na adolescência os pais costumam criticar mais do que elogiar, tornando o saldo geralmente negativo ou neutro. Ao esquecer de olhar para as forças, virtudes, pontos fortes e pequenas vitórias dos filhos os pais exercem uma educação que apenas corrige os déficits, sem preparar os filhos para as suas potencialidades e sem tornar vivo o que está dentro deles.

A correção de déficits gera o que o psicólogo Martin Seligman denominou "desamparo aprendido". A longo prazo os filhos tendem a criar uma autoimagem deficitária, antecipam para o si o fracasso e, com isso, deixam de buscar alternativas eficazes para a mudança, inclusive na interação com os pais.

Criar saldos positivos passa por tudo o que já aprendemos, desde a forma de demonstrar e fazer o filho perceber o amor, até aceitação, observação sem julgamento, identificação de necessidades e emoções.

Pode ser que uma mãe que leva e traz o filho da escola, cuida das roupas, administra a casa com maestria acredite que esteja com o saldo positivo se este filho entender esse sinal como uma linguagem de amor, no entanto, se o filho não tiver esse tipo de linguagem de amor ou perceber o gesto apenas como "normal" ou como "peso para a mãe" o saldo positivo não acontecerá.

Ser pais gerenciadores de conflitos é depositar quantias positivas emocionais no banco dos filhos constantemente e conscientemente, sabendo que em muitos momentos haverá saques. Esses saques são todas as vezes que precisarão dizer "não", corrigir ou perderem a cabeça em uma discussão com os filhos. Porque também é ilusão viver em um mundo onde pais não possam frustrar os seus filhos algumas vezes.

A razão Losada também vem para mostrar que a permissividade não é amor. Segundo a teoria, emoções positivas em excesso causa igualmente danos, ou seja, elogiar por tudo, dizer sim para tudo faz com que os filhos não percebam o amor.

Isso me fez lembrar de um trecho de uma conversa durante um processo de coaching com um adolescente:

- Seus pais te elogiam?
- O tempo todo.
- E isso não é bom? É gostoso ouvir elogios.
- Um saco. Porque, tipo, eu posso desenhar a coisa mais feia do mundo que ela diz que tá lindo e eu tô ligado que não está.
- E que impressão isso te causa?
- Que tanto faz. Eu queria que ela me dissesse onde eu estou errando, me ajudaria mais do que elogiar tudo.

O grande segredo é construir positividade durante tempos não conflitantes, reduzir a negatividade e criar um senso compartilhado de significado. Quando esses objetivos são trabalhados, os relacionamentos melhoram – tanto aqueles que estão em conflito quanto os emocionalmente abalados.

Para refletir e entrar em ação

Quantos elogios você faz ao seu filho antes de dirigir-lhes uma crítica?

O quanto da linguagem do amor está sendo usada de forma positiva?

Será que você passou apenas a corrigir os erros do seu filho e esquecer de parabenizá-los das pequeno esforço ou pelas pequenas conquistas?

Capítulo 12
Escolha as batalhas

Gerenciar conflitos também passa por escolher as batalhas que você deseja lutar. Quando a sobreposição de sentimentos é negativa, pais e filhos entram em constante conflito, prejudicando o diálogo e o consenso. Por isso, neste momento você precisa ser o primeiro a estender a bandeira branca da trégua, para redefinir o seu plano de combate.

Avalie com total sinceridade quais batalhas você tem travado com o seu filho adolescente. Talvez você já tenha percebido com o exercício do filho idealizado o quanto as suas expectativas fazem com que você converse na maior parte do tempo com um filho que não existe.

Com essa nova consciência, de

que é preciso colocar o amor em um lugar sagrado, descobrir quais linguagens de amor fazem mais sentido para o seu filho, cuidar para o que dia a dia seja regado não apenas de críticas, mas de reconhecimentos e respeito, avalie se algumas das batalhas são realmente necessárias ou feitas apenas como uma tentativa desesperada de manter o controle sobre o seu filho adolescente.

Muitas vezes colocamos todos os problemas no mesmo grau de gravidade. Alguns problemas podem ser resolvidos com muito mais leveza e no decorrer do problema você vai conseguir com certeza lidar com eles.

Brigar por TODOS os assuntos só causa estresse para os dois lados. A dica de outro de hoje é: ESCOLHA AS BATALHAS QUE QUER ENFRENTAR.

Olhe novamente para a lista de questões que te incomodam no seu filho adolescente. Você já a fez nas páginas anteriores. Deixe o orgulho de lado, a vontade de estar certo sempre, de mostrar quem manda e concentre-se nas questões nas questões que hoje mais impactam o seu filho e a sua família, tomando o cuidado de tirar todo e qualquer julgamento.

Esse é apenas um exemplo de como você pode fazer o exercício proposto.

1- Não arruma o quarto.

2- Fica trancado no quarto por mais de 5 horas, todos os dias.

3- Usa vestimentas que não me agradam.

4- Grita com a irmã em alguns momentos.

5- Tira notas baixas em português e matemática.

6- Está namorando nessa idade.

7- Não me conta sobre a sua vida, descubro por terceiros.

8- Se joga no chão do mercado e chora sem parar com certa frequência.

9- Discorda das minhas opiniões.

10 – Anda com amigos que eu desaprovo.

É provável que essas anotações já tenham sido feitas considerando a necessidade por trás de cada comportamento. Em alguns casos você já percebeu que atitudes iniciais precisam vir da sua parte, em outros você percebeu que vinha de um filho idealizado. Ainda assim ainda pode ter questões sérias em que você precisa batalhar porque implica não agir exatamente da forma que o seu filho espera.

No entanto, você perceberá que essas questões são bem menores do que quando começou esse livro e melhor: Reduzir a quantidade de pontos de conflito dá a oportunidade de investir tempo e energia nutrindo os pontos de amor e de emoções positivas.

> **Para refletir e entrar em ação**
>
> Respire e se conecte com as necessidades que você já descobriu. Quantos pontos de batalha você ainda insiste em levar?
>
> O que realmente sobrou?
>
> O que você não pode, em hipótese alguma, ceder, aceitar? Reformule o seu julgamento.

** Atenção: Se você não conseguiu tirar nada da lista, é um sinal de que não tem sido muito flexível e este pode ser o começo de todo o seu problema com o filho adolescente. Você precisa aprender a partir de agora a ceder em aspectos que te incomodam, mas que são reflexo de uma adolescência e não vão comprometer a segurança do seu filho.

Somente para esses problemas reais, que não são parte de um filho idealizado, você vai fazer o que é proposto a seguir.

Capítulo 13
Enfim, o segredo da comunicação com filhos adolescentes

Eu sei que o que os pais desejam é fazer o filho ouvir, mas primeiro as etapas anteriores precisam ser mudadas. Vamos recapitular:

- A forma como a família pratica o respeito;

- A forma como a família dá e recebe amor e principalmente, sente/percebe o amor;

- Os fatores internos e externos que contribuem para o comportamento.

Agora que você já sabe que pensamentos geram sentimentos e aprendeu a identificar as emoções/necessidades, já consegue entender com mais clareza como construiu o seu relacionamento com o filho adolescente até o momento e como mudar essa construção daqui para frente.

Muitas situações do dia a dia aparecerão e te colocarão na condição de refletir sobre o seu julgamento e necessidade. Por exemplo, se o seu filho adolescente te pedir para sair à noite e você tem um julgamento de que o mundo está perigoso, isso te trará um sentimento de medo e angústia e, a partir dele, você pode negar o pedido.

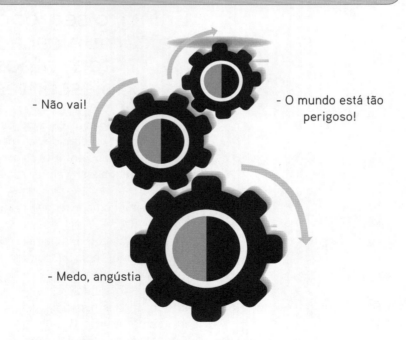

Ao visualizar o mecanismo, você se torna mais capaz de entender o que te moveu para a ação, que pode ser positiva ou negativa, e então descobrir uma forma de mudar a partir de uma nova forma de se comunicar.

Você pode entender, por exemplo, que a sua necessidade é de segurança e pensar em novas possibilidades de agir para a mesma situação. Então, continue praticando os pontos acima enquanto aprende um jeito novo de influenciar o seu filho.

Assim que você começar essa "nova forma" de se comunicar, poderá ser taxado de permissivo em algumas situações. Mas você, detentor de um conhecimento que infelizmente não chega a maioria dos pais, estará tranquilo por saber que conduz a educação para um lugar que vai além do autoritarismo e sim do entendimento do que é respeito, aceitação e amor incondicional.

Aqui em casa, por exemplo, temos o combinado de não nos alternarmos uns com os outros na frente de outras pessoas. Então, quando eu preciso corrigir a minha filha, eu sempre faço individualmente, nunca na frente das amigas. Esses dias, na porta da escola, minha filha já saiu com as emoções alteradas, perguntando se eu tinha lembrado de trazer a blusa que ela havia pedido. Quando eu respondi que não, ela alterou a voz e disse (na frente de outros pais que também esperavam na porta da escola): - Pô mãe, eu disse que você tinha que trazer!

Eu respirei, mentalmente contei até 10, enquanto pacientemente pegava a mala dela para colocar no carro. É claro que aos olhos dos outros pais eu jamais deveria ter deixado minha filha falar comigo daquela forma.

Naquele momento, a minha necessidade de respeito foi negligenciada. Mas, como temos combinados importantes em família, o fato da minha filha ter esquecido do acordo não me dava o direito de infringir a necessidade de respeito que ela também possui.

Por isso, ao entrar no carro e me afastar um pouco da escola, eu parei. Olhei para ela e a relembrei dw os nossos acordos. Disse o quanto eu me senti desrespeitada na frente das pessoas e falei que tenho a necessidade de ser respeitada, assim como dou a ela o respeito na frente das colegas.

Minha filha entendeu, agradeceu por eu não ter feito o mesmo e (o principal) não voltou mais a ser desrespeitosa comigo na frente de outras pessoas.

Ser respeitoso e dar amor incondicional é totalmente o contrário de ser permissivo. A permissividade diz respeito a deixar os filhos fazerem o que bem entenderem da vida e na comunicação afetiva e eficiente os pais são líderes e demonstram com amorosidade o que é permitido e o que não é tolerado na família.

A permissividade não tem regras e os pais são reféns dos filhos adolescentes, já a comunicação amorosa passa pelo respeito mútuo, onde cada membro conhece e compartilha as necessidades.

Você vai ter resultado em todas as suas conversas, em todos os momentos com o seu filho adolescente? Não.

O seu sucesso em se comunicar com o seu filho passará por alguns fracassos, testes e pela desconfiança. Quando mais difícil e desconectada for a sua relação atual, mais você precisará ser firme no propósito de se conectar com o amor. Todos os dias, antes de começar essa nova maneira de se comunicar com o seu filho, pergunte-se:

– Por que será importante persistir?

Isso te deixará sempre consciente de que, mesmo com algumas críticas externas (de parentes ou amigos bem-intencionados), você pode construir uma comunicação mais amorosa sem perder a liderança sobre o seu filho adolescente e que essa comunicação a longo prazo será muito mais afetiva e com vínculos fortes do que a permissiva ou a controladora.

Pense bem: Em uma empresa onde o chefe só grita com todos, não dá autonomia, quer controlar todo o trabalho nos mínimos detalhes. Como você se sentiria?

Ou, em uma empresa onde o chefe deixa todos fazerem o que bem entenderem, onde não há regras, cada um chega, sai e faz o que quer. Como você se sentiria?

Agora, em uma empresa onde o chefe é respeitoso, escuta todos os funcionários e leva as ideias em consideração, ao mesmo tempo em que comunica o que é certo ou errado, dá comandos coerentes e lidera os funcionários para o alto desempenho. Como você se sentiria?

Os pais são os líderes da vida dos filhos e assim como nas empresas, os extremos nunca são eficientes. Fique tranquilo, ajudarei você a chegar lá mostrando o último elemento da nova comunicação, que é expressar corretamente o que você deseja ter no lugar da realidade atual.

A sequência de uma comunicação eficiente é:

1. Observar o que está acontecendo e extrair a observação, sem julgamento. Fizemos isso dos exercícios anteriores. Antes de você agir, primeiro você vai observar. O que está acontecendo? Então você vai tirar os julgamentos, os rótulos, do que está acontecendo.

2. Entender o que você sente a partir do que está acontecendo: magoada, assustada, alegre, irritada?

3. Perceber as suas necessidades – O que você precisa? Quais as reais necessidades? Quais as necessidades do seu filho?

4. E por fim fazer um pedido ou uma pergunta, sincero e genuíno, sobre o que te faria se sentir vivo - O que você quer no lugar? O que realmente você quer que aconteça?

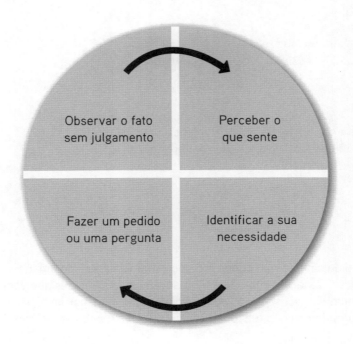

Voltemos ao exemplo da mãe que não deixou o filho sair à noite por medo. Ao identificar o mecanismo que a levou à ação e entender que a necessidade dela é de segurança e a do filho neste momento é de celebrar a vida, ela pode avaliar formas de dar mais autonomia ao filho ao mesmo tempo em que preserva a necessidade de se sentir segura.

Ela pode, por exemplo, decidir quem leva e busca, um horário para chegar, pedir uma lista com telefone de quem vai, se certificar se terá bebida alcoólica e até mesmo ir buscar. Pode parecer improvável, mas a maioria dos pais, agindo apenas pelo impulso da emoção que não conseguem identificar, se privam de soluções simples.

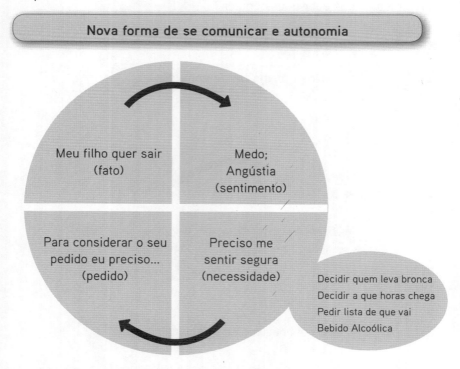

O pedido sincero não pode vir como exigência e sim de um lugar de cooperação. Toda vez que o seu filho adolescente perceber que você o tenta manipular, vai se voltar novamente contra você, por isso, não use o que aprendeu se não fez todas as ligações dos pontos anteriores.

No contexto acima, veja como ficaria o pedido:

Fato	Filho quer sair à noite
Emoção	Angústia
Necessidade	Segurança
Pedido	Filho, você quer sair à noite e eu me sinto angustiada com o seu pedido. Você sabe, tantas coisas acontecem hoje em dia que me deixam em pânico. Sei que para você é importante celebrar a vida, mas para mim é importante ter segurança de que tudo correrá bem. Então, eu pensei em algumas soluções para esse seu pedido que quero compartilhar com você.

Vamos a outro exemplo:

Fato	Não arruma o quarto
Emoção	Exausto
Necessidade	Apoio
Pedido	Faz uma semana que você não arruma o quarto. Estou me sentindo exausta tendo que arrumar tudo porque quero apoio para dar conta e estou frustrada por não conseguir ajuda.

Para refletir e entrar em ação

Agora chegou a hora de juntar todas as etapas anteriores. Relacione aqui os pontos que você deseja melhorar, depois de já ter feito toda a limpeza de julgamento, identificado necessidades e se conectado com a verdade. Faça então, o pedido genuíno do que você precisa.

Fato	
Emoção	
Necessidade	
Pedido	

Capítulo 14
Quebrando as barreiras e usando os conflitos para se aproximar

Você está no meio de um conflito ou desacordo, seu filho diz ou faz alguma coisa, e de repente você cai no fundo de um buraco escuro e profundo. As únicas emoções que você registra são raiva, ferida, pânico e medo.

Você é levado por algumas correntes emocionais difíceis e junto com elas vêm as sensações físicas: músculos se contraem, temperatura sobe e estômago revira, coração dispara, boca fica seca, corpo treme. A mente entra em uma inundação de sentidos, ondas gigantes de sentimentos ruins que derrubam completamente e levam qualquer pensamento racional com eles.

O psicólogo John Gottman explica o fenômeno como um sequestro emocional, que nada mais é do que o seu sistema nervoso trabalhando em excesso. É quando uma pessoa recebe estímulos emocionais em níveis muito acima do que necessita e a sobrecarga é tanta que ela não consegue processar informações e se comunicar com eficácia.

Basicamente, quando reagimos no domínio da inundação emocional, fazemos e dizemos o tipo de coisa que provavelmente nos arrependeremos depois. Geralmente, é gritar, bater, se desesperar e ferir com palavras. Essa reação desencadeia no filho adolescente as mesmas inundações emocionais e então, todas as pessoas envolvidas ficam fora de controle.

Essa é a forma a que a maioria das famílias tem usado para lidar com conflitos na adolescência, grande parte por desconhecerem o que você aprendeu nos capítulos anteriores. Investir na conta bancária emocional e construir seus mapas de Amor são habilidades essenciais para gerenciar o conflito e manter um relacionamento saudável, feliz e amoroso.

Sabendo como lidar com os conflitos que surgem com o seu filho adolescente, você não só estará diminuindo o nível de estresse, como vai conseguir conduzir seu filho pela adolescência como alguém que ele escuta e admira.

As pesquisas mostram que a existência de conflito não é um presságio ruim. É necessária alguma negatividade para um relacionamento estável, mas a positividade é o que alimenta o amor. O verdadeiro problema dos relacionamentos é a incapacidade dos membros de gerenciar os conflitos de maneira saudável e avançar do conflito, tendo abordado a fonte de seu bloqueio.

O objetivo final após uma briga é sempre refletir em família sobre os problemas que estão contribuindo para que as discussões continuem.

Já ficou fácil entender que as batalhas precisam ser escolhidas. Vamos usar como exemplo a afirmação: Meu filho veste roupas que não aprovo.

Diante desse conflito, você pode:

EVITAR: perceber que a roupa é só uma maneira do seu filho se expressar e que é uma fase.

ACOMODAR: dizer ao seu filho que não se sente confortável com o modo dele se vestir, mas que está disposta a aceitar em prol da boa convivência familiar;

FORÇAR: dizer ao seu filho que ele não pode ser vestir assim e que enquanto você pagar as contas e as roupas ele vai vestir o que você quiser;

CONCEDER: dizer ao seu filho que em algumas ocasiões você permitirá que ele use as roupas e negociar o uso de roupas melhores em outras ocasiões;

COLABORAR: entrar nessa fase, se lembrar das suas roupas e do quanto também você queria ter personalidade e ajudar o seu filho a encontrar a personalidade dele.

Na opção evitar, você escolhe conscientemente não ir para a batalha porque percebeu que isso não tem importância (lembre-se sempre de escolher as batalhas) e no estilo forçar, a escolha é pela imposição.

Quando você escolhe acomodar, deixa claro para o seu filho que o estilo não agrada, mas que vai respeitar a necessidade dele de se expressar.

Já no estilo conceder, você reconhece que embora o seu filho tenha a necessidade de expressão, em alguns lugares com regras sociais, você possui a necessidade de consideração, por isso acordos sobre os lugares inapropriados para determinadas vestimentas devem ser feitos.

E no estilo colaborar, você usa a conexão com o filho para ajuda-lo a encontrar a sua verdadeira forma de se expressar.

Cada situação requer uma estratégia de conflito e agora você pode escolher uma das acima para praticar. Usar sempre a mesma estratégia é o que tem feito os pais de adolescentes sentirem-se tão exaustos.

A seguir, algumas dicas valiosas para lidar com conflitos:

• Ao escolher o seu estilo de conflito, é igualmente importante perceber o tom que você inicia a conversa. As discussões terminam invariavelmente na mesma nota em que começam. Se você começar um argumento com muita força, atacando verbalmente, acabará com pelo menos tanta tensão quanto começou.

Suavizar o início envolve a abordagem, que é a forma como você levanta um problema nos primeiros três minutos da conversa, cruciais para resolver conflitos de relacionamento. Se a maioria dos seus argumentos começam suavemente, o impasse tem grandes chances de ser resolvido.

- Em vez de culpar a outra parte com "Você disse que iria limpar o quarto hoje e ainda está uma bagunça", uma abordagem suave seria: "Ainda há bagunça no seu quarto. Nós concordamos que a limpeza é sua tarefa, por isso estou realmente chateada por não ter cumprido o nosso acordo".
- Falar sobre os seus sentimentos e não sobre a outra pessoa é uma maneira de não aumentar o conflito. Em vez de dizer "Você não está me ouvindo", você pode dizer: "Eu não sinto que você está me ouvindo agora". Em vez de "Você é tão descuidado com as suas coisas", diga: "Eu acho que devemos tentar manter as coisas no lugar".
- Descrever o que está acontecendo, sem avaliações ou julgamentos. Em vez de acusar ou culpar, simplesmente descreva o que vê na situação. Em vez de atacar violentamente com acusações, como "Você nunca faz o que eu peço", tente dizer: "Eu estou cuidando da casa sozinha e isso me deixa exausta. Tenho necessidade de apoio – você poderia ajudar?".
- Não querer que o outro leia a sua mente. Não importa o quão óbvia seja a situação, não espere que a atitude do seu filho sem comunicar claramente.
- Respeito e apreciação, sempre. Só porque há um conflito, não significa que o respeito e carinho tem que diminuir! Adicionar frases como "por favor" e "Agradeço muito quando você ..." pode ser útil para manter o calor e a conexão emocional mesmo durante uma conversa difícil. Essas situações são exatamente as quais mais precisam desse recurso.
- Não armazenar as coisas e despejar depois. Em algum momento todos já nos sentimos exaustos e oprimidos, sentindo que estamos nos afundando em um banho de problemas... nesse estado, uma questão leva a outra e de repente nos encontramos criando uma lista de problemas sem fim ou solução, que nunca foram ditos ou resolvidos. Quando há muitos conflitos para resolver, fica difícil manter um foco para a conversa, por isso é primordial tratar um conflito por vez e sempre quando ele acontece.

O fato é que, quando alguém do sistema familiar fica ferido, frustrado ou irritado depois de uma briga, não dá para pressionar um botão de reinício. Mas é sempre possível fazer um reparo e seguir em frente. Os argumentos acontecem e, muitas vezes, dizemos a coisa errada, ou fazemos a coisa errada, e acabamos nos machucando. Uma das ferramentas mais importantes para a construção de um relacionamento saudável é saber como processar um conflito de uma forma que ajude todos os membros a aprenderem com isso.

Boa parte dos pais ficam remoendo a briga, o que o filho adolescente fez e o modo como ele falou, quando deveriam estar pensando: "Qual foi a conversa que precisávamos ter, mas não tivemos?"

Ao fazer parte de uma briga em família, aceite a sua responsabilidade nela:

- Estive extremamente estressado e irritado ultimamente.
- Eu te ofendi.
- Eu tenho estado excessivamente sensível ultimamente.
- Eu ultimamente tenho recebido muita crítica (ou criticado).
- Eu não compartilhei muito do meu mundo interior.
- Eu não estou emocionalmente disponível.
- Estive deprimido ultimamente.
- Não pedi o que eu precisava.
- Não senti muita confiança em mim mesmo.
- Eu estive confusa, sem saber o que quero.
- Eu precisava estar sozinho.

Nem sempre podemos nos impedir de cometer erros ou dizer coisas que não deveríamos, mas sempre temos a capacidade de voltar e fazer tentativas para reparar a situação.

Quando os membros da família entram no ciclo vicioso dos argumentos destrutivos sem processar ou tentar entender o outro lado, os conflitos se acumulam até se tornarem incontroláveis e esmagadores.

Exemplo: Eu sei que ontem à noite eu ofendi você com palavras duras. Eu não estava em condições de falar naquele momento, deveria ter esperado para conversar com você. Eu sinto que não estou sendo apoiada e estar tão sobrecarregada me faz oscilar emocionalmente, ora estou exausta e ora estou explodindo. Eu não quero mais isso para a nossa relação e eu preciso me sentir apoiada nas tarefas de casa para ter mais tempo para mim. Como você acha pode me apoiar?

Perceba que a conversa acima tem todos os elementos da nova comunicação. Não julga, é suave na abordagem, fala dos próprios sentimentos e das próprias necessidades. É muito mais eficiente do que um simples pedido de desculpas, que pode soar para o filho como: - Tá bom, na próxima ela vai fazer igual.

Outro ponto importante é fazer um pedido sincero. A maioria dos pais acredita estar se comunicando claramente com o filho adolescente, quando na verdade apenas está despejando exigências e ordens.

No exemplo acima, após dizer a necessidade, a mãe deixa claro que precisa se sentir apoiada nas tarefas de casa para ter mais tempo para ela. Esse é um pedido sincero e genuíno. Essa mãe poderia continuar explicando o quanto tempo não consegue fazer o cabelo, sentar por alguns minutos para assistir a um programa com calma, se exercitar, entre outras coisas. E elucidaria ainda mais como a falta de apoio está pesando para ela.

Capítulo 15
Como se comunicar nas acusações

É claro que o seu filho, assim como você até agora, não aprendeu a se comunicar amorosamente, por isso ele continua a pensar com julgamento, e a partir da emoção gerada agir ou se calar, dependendo do perfil.

As acusações típicas do se universo adolescente continuarão a acontecer: - Nossa, como você é chata mãe!

- Para de pegar no meu pé pai!

Você pode considerar a frase como um ataque pessoal e se defender imediatamente, agindo a partir da raiva. Ou você pode usar o novo modelo de se comunicar e identificar que é um momento excelente para investigar de onde vem essa fala, de qual raiz é originária.

Quanto mais você praticar, mais eficiente será. Ao receber uma crítica ou acusação coloque-se na postura do curioso, para entender melhor o esquema do seu filho de: Significado/julgamento, emoção e comportamento.

Valide primeiro o significado com a seguinte pergunta:
- O que exatamente você que dizer me chamando de chato?
- Porque você vive pegando no meu pé.
- Me dá exemplos? Me explica onde exatamente eu pego no seu pé?
- Você pega no meu pé. Não me deixa sair com meus amigos e vive mandando eu guardar as coisas.
- Você está então me dizendo que eu sou chato porque eu pego no seu pé, não deixo você sair, fico falando para guardar as suas coisas? Tem mais alguma coisa que eu faça?
- Bem, não.

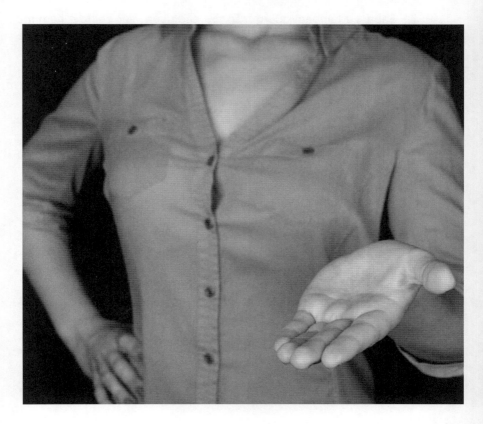

Ao validar as atitudes que fazem o seu filho te classificar como chato (ou qualquer outra palavra em forma de julgamento) você abre espaço para a compreensão e para identificar o sentimento que ele nutre ao pensar assim:
- Quando eu faço isso, como você se sente?
- Com raiva.
- Eu não sabia que eu te deixava com raiva agindo dessa maneira... Você quer ter liberdade sem ter que eu fique mandando em você, certo?
- Isso!

Esse trecho da conversa deixa transparecer como você também se sente com essa situação. Note que quando conversamos a partir da vontade de entender o outro, instintivamente a comunicação se torna amorosa e de conexão. E nesse ambiente você pode colocar os seus sentimentos e necessidades de uma forma genuína:

- Sabe, eu também quero isso. Eu não quero ser chato e nem me sentir assim. Quando você diz que eu sou chato, eu me sinto triste e fico pensando mesmo que eu estou falhando com você. Eu quero sentir que eu estou do seu lado e que podemos fazer isso juntos. Eu quero te dar mais liberdade e quero também me sentir respeitado, porque quando você não arruma seu quarto ou deixa tudo espalhado, eu fico pensando que você não está preparado para ter liberdade. Como podemos juntos resolver isso?

A partir de agora, olhe para cada ataque do seu filho como uma oportunidade de ver a raiz:

O que o meu filho pensa?
O que ele sente?
Como ele age a partir do que sente?

As acusações virão em maior ou menor grau, dependendo do quanto o banco das emoções positivas está nutrido. Se o saldo familiar está negativo, as acusações virão com mais intensidade e os pais precisarão de mais força de espírito para colocar tudo no lugar.

É como ter a sua própria conta pessoal negativa. Quando devemos ao banco ou a alguém, será preciso um esforço para colocar o saldo positivo novamente, talvez renegociar dívidas, aumentar a renda, cortar gasto, etc.

No banco emocional é a mesma coisa. Comece assumindo a sua parcela de responsabilidade e a segure até o final. Invista nas linguagens do amor e na preservação dele como um espaço sagrado, mude o seu pensamento sobre a adolescência do seu filho, passe a falar com o seu filho real (e não com o idealizado), aprenda a entender as suas emoções e necessidades e depois descubra as do seu filho.

Pode parecer muita coisa, mas se você seguiu o passo a passo do livro já fez um bom progresso. O maravilhoso será sentir a mudança no seu ambiente familiar e o bem-estar que proporcionam uns aos outros, afinal, o que há vivo em vocês?

Capítulo 16
Transformando Comunicação em Diálogo

O ponto máximo da relação entre pais e filhos é quando eles percebem que estão dialogando. Diálogo é um tipo de comunicação única que focaliza a atenção no escutar para aprender. A essência do diálogo é a escuta respeitosa, o aprendizado e a troca de experiências.

É mágico entre pais e filhos adolescentes porque parte do pressuposto de que os filhos também têm algo a ensinar aos pais e que podemos aprender com as diferenças. O diálogo levará o seu filho adolescente a fortalecer o intelecto, a mente e o espírito.

No diálogo, os pais estão prontos para escutar os filhos reais, o que eles pensam da vida, os medos e os pontos que discordam, sem julgarem que erraram ou que o seu ponto de vista é o único que deva ser considerado. A partir desse espaço seguro, os pais mostram ao filho adolescente que entendem a necessidade de espaço que a adolescência trouxe, ao mesmo tempo que colocam suas necessidades sem medo.

O diálogo requer empatia e é por isso que muitas pessoas acabam preferindo dialogar com pessoas que possuem percepções iguais às nossas. Isso explica também o motivo de pais de adolescentes terem dificuldades em estabelecer diálogo, visto que essa é a fase onde os filhos querem se diferenciar dos pais, inclusive nos pontos de vista.

Muitas vezes o diálogo não termina com apenas uma conversa, ele se constrói com entendimentos de cada membro da família e vai amadurecendo a medida em que os pais se tornam melhores comunicadores.

Estabelecer o diálogo em família requer olhar para todas as etapas anteriores deste livro. Significa arrumar a casa para depois estabelecer regras de convívio que realmente funcionam. Requer muitas vezes deixar o sistema de amor encher, a comunicação melhorar para então chegar ao que se espera de uma boa convivência familiar.

Se você já sente que consegue estabelecer um diálogo com o seu filho adolescente, cuide para que esses elementos estejam presentes:

Criar um espaço seguro: Um lugar onde o seu filho se sinta emocionalmente seguro para falar;

Definir o propósito do diálogo: deixar clara a intenção da conversa

Escutar ativamente: cuidando para não deixar julgamentos interferirem na conversa

Explorar pontos em comum: O que as partes querem em comum

Explorar ações: o que pode ser feito para considerar as necessidades de todas as partes.

Para vocês, pais amorosos, um conselho: Aguente firme os momentos difíceis de um diálogo.

Pode ser que os primeiros diálogos em família venham com verdades difíceis de assimilar. Os filhos, feridos em suas necessidades de amor, podem ferir com palavras. Eles primeiro vão gritar a sua dor porque é a primeira vez que sentem um espaço genuíno para fazer isso. Nesse momento difícil, vise a compreensão porque nem sempre o objetivo dos primeiros diálogos será resolver definitivamente os problemas ou concordar com tudo.

Reflita sempre sobre o diálogo:
Como essa experiência me impactou?
Como conseguirei lidar com o que acabei de ouvir do meu filho?
Qual a maior preocupação neste momento? E a minha necessidade?
Qual emoção esse diálogo proporcionou?

O diálogo pode se tornar tão desconfortável que gera o gatilho da inundação, que leva ao descontrole emocional. Se isso acontecer, respire e peça um tempo. Agradeça ao filho por ter dito todas aquelas palavras e diga que precisa de um tempo para respirar, antes de prosseguir. Lembre-se: Diálogo construtivos nem sempre terminam na primeira conversa.

Talvez, depois de ter seguido todo o passo a passo do livro, você se sinta preparado para refazer os acordos da família. Em um dos itens que você decidiu batalhar, pode haver discordância para chegar a um acordo realmente satisfatório para a necessidade de todos. Você pode dizer: - Já avançamos bastante. Não é o ideal e eu ainda estou desconfortável com alguns pontos, mas já é uma conquista. Podemos continuar amanhã.

Muitas vezes o diálogo sincero traz a necessidade de um pedido de reparação dos pais para os seus filhos adolescentes. Durante todo o processo de identificar significados (raízes) para o comportamento dos filhos adolescentes, nos deparamos com as nossas sombras enquanto mães e pais, com os erros que deixaram feridas nos filhos.

Um dos diálogos mais emocionantes que eu presenciei, foi de um pai que tentava se reconectar com a sua filha adolescente. Ele se separou da mãe da menina quando ela ainda era pequena, em um processo litigioso que ocasionou a ausência do pai durante uma parte da infância da filha. Ao entrar na adolescência a filha passou a rejeitar o pai e a não querer mais passar os finais de semana na companhia dele.

Percorrendo todos os pontos expostos no livro, este pai enfrentou a fase da fúria emocional, as acusações da filha e o desprezo. Assumiu a responsabilidade e se manteve firme no propósito de preservar o amor e de enxergar a necessidade por trás de todas aquelas palavras duras. Percebeu então o quanto ele não supriu a necessidade de segurança emocional na infância e o quanto isso ainda era vivo na filha. Esse pai se preparou para fazer a sua reparação, mesmo sendo muito difícil.

Importante dizer que a reparação é bem mais intensa do que um pedido de desculpas. Pedir desculpas não traduz o que os filhos desejam ouvir e muitas vezes até piora a situação.

Quantas vezes o seu filho te pediu desculpas por não ter feito algo, mas no dia seguinte voltou a fazer? O pedido de desculpas já virou corriqueiro, por isso, quando desejar realmente a conexão, a reparação é o melhor caminho.

No caso do pai, a conversa de reparação que ele teve com a filha foi a seguinte:

- Eu estava cheio de problemas naquela época, não soube lidar com o divórcio, não tive condição emocional, fiz muita coisa errada. Eu não me sentia capaz de cuidar de você, de te ver e hoje eu consigo perceber o quanto essa minha forma estúpida de lidar com a separação te machucou e deixou marcas. Minha necessidade não era essa, era de que você estivesse bem e eu pensei que ter um pai do jeito que eu era não te deixaria feliz. Eu não serei capaz de reparar o que passou e eu fico profundamente triste em perceber o quanto eu perdi sendo tão imaturo. O que eu estou trabalhando agora é para não ser mais aquele babaca de pai que eu fui e cuidar mais para ser o pai que você precisa nessa fase da vida, se você deixar.

Esse pai seguiu à risca todos os ensinamentos deste livro, que também estão compilados no programa online Meu Filho Cresceu, e Agora?

Ao seguir o passo a passo, a filha começou a se aproximar. Depois de diálogos difíceis, como o acima, pai e filha foram capazes de encontrar um lugar de amor.

Capítulo 17
Considerações Finais

É lindo ver uma mãe, um pai, descobrindo novamente o seu filho, contribuindo para que ele estoure para a vida. É maravilhoso ver um filho se sentindo amado e valorizado pelos pais. Não é só ter o amor, mas é cada um, cada parte, se sentir preenchido por esse amor.

Muitos pais buscam por respostas nos livros, mas se acovardam quando precisam desbravar as profundezas do seu mundo interior. Ao ter a coragem de vestir a roupa do seu herói ou heroína e de combater os vilões que a vida e a nossa mente colocam na frente, os pais se deparam com uma realidade muito diferente da que vivenciam, um filho mais próximo, mais real e mais feliz.

O que está vivo em você?

O que está vivo no seu filho?

São perguntas que você deve se fazer sempre, em frente ao espelho. Cuidar do que nos mantém vivos ensinará os nossos filhos a fazer o mesmo por eles.

Eu desejo para cada jovem o mesmo que eu desejo para a minha filha.Que eles estourem e se tornem felizes sendo eles e que contribuam para o mundo de uma forma única. E nós pais somos o caminho.

Bibliografia

CHAPMAN, Gary. As cinco linguagens do amor dos adolescentes – 1ª edição eletrônica – Mundo Cristão, 2018.

GOLEMAN, Daniel. Inteligência emocional. Rio de Janeiro: Objetiva, 1995.

GOTTMAN, John. Inteligência emocional e a arte de educar nossos filhos. Rio de Janeiro: Objetiva, 1997.

MATURANA, R. Humberto. Emoções e linguagem na educação e na política. 3. ed. Belo Horizonte: UFMG, 1998.

ROSENBERG, Marshall B. Comunicação não violenta: técnicas para aprimorar relacionamentos pessoais e profissionais. São Paulo: Ágora, 2006.

ROSENBERG, Marshall B. Criar filhos compassivamente. São Paulo: Palas Athena, 2019.

SIEGEL, Daniel J. Cérebro adolescente. São Paulo: nVersos, 2016.

NELSEN, Jane; LOTT, Lynn. Disciplina Positiva para adolescentes. Barueri/SP: Manole, 2019.

SELIGMAN, M. What You Can Change and What You Can't. Fawcett Columbine, 1993.

PLATÃO. A República. 2. reimp. Bauru: Edipro, 2001.

Anotações

Este livro foi composto com tipologia Aux ProRegular OSF e impresso em papel polèn bold 100 gramas no centésimo sexto ano da primeira publicação do primeiro volume de "Em busca do tempo perdido" do escritor francês Marcel Proust.